ユーラシア
考古学選書

漢代以前の
シルクロード

〜運ばれた馬とラピスラズリ〜

川又 正智 著

Archaeologia
Eurasiatica

雄山閣

口絵1　アルタイ山脈の氷河地形

アルタイ山脈は4000m級の山々が連らなり、頂上は氷河地形である。このような山脈でも人々は越えられる場所を探索して別世界へ向かった。

口絵2　アルタイ山脈ウコック高原風景（ロシア連邦アルタイ共和国）

人々は高山大川流沙を越えて遙かなる遠方へ達した。写真はアルタイ山脈中のウコック高原（海抜2500m前後）で、正面（南方）氷河の山（海抜4000m以上）のかなた右方は東トルキスタン、左方はモンゴルである。中景の積石はクルガン（古代騎馬遊牧民の古墳）である。

口絵3　ラピスラズリ製柄の黄金短剣（本文図14）

イラク、ウル王墓RT（PG）580出土　全長37.4cm　前第26世紀頃〔イラク国立博物館蔵〕[Woolley, C.L. 1934　*Ur Excavations*　Volume II　N.Y.　pl.151]

1920年代は、殷墟の発掘開始、インダス文明の発見、パジリク等凍結古墳発掘開始、ウル王墓の発掘、トゥトアンクアメン墓発掘、と近代考古学にとって画期的な時であった。ウル王墓の遺物もこのような手描彩色精密画によって報告され、世界を感嘆させた。1934年刊行の考古学史上記念すべきカラー図版。

口絵4　ラピスラズリ製鬚の有鬚牡牛（本文図18）

U. 10556. THE GOLD HEAD OF A BULL WITH LAPIS-LAZULI BEARD FROM THE SOUND-BOX OF THE LYRE (RESTORED). PG/789
Scale c. ⅔. v. p. 70

イラク、ウル王墓 RT（PG）789 出土　前第26世紀頃〔ペンシルヴァニア大学博物館蔵〕〔Woolley, C.L. 1934 *Ur Excavations* Volume II N.Y.　pl.107〕

口絵3とおなじく、1934年刊行のウル王墓出土遺物のカラー図版。

■漢代以前のシルクロード―運ばれた馬とラピスラズリ―■　目次

はじめに……………………………………………………………………5

第Ⅰ章　"シルクロード"以前―文明圏を超えて―
    a　東西交渉とは ………………………………………………………7
    b　遠方への意識 ………………………………………………………8
    c　金属器時代 …………………………………………………………9
    d　古代帝国へ ………………………………………………………10
    e　孤立した社会無し ………………………………………………10
    f　東西交渉史研究の歴史 …………………………………………11

第Ⅱ章　張騫鑿空記事の検討―張騫以前にも在った路―
    a　張騫事績の背景 …………………………………………………17
    b　匈奴と騎馬遊牧 …………………………………………………18
    c　張騫の遠征 ………………………………………………………20
    d　蜀布と邛竹杖 ……………………………………………………22
    e　張騫とコロンブス ………………………………………………23
    f　中国における西方についての古記録 …………………………24
    g　毛皮交易の路 ……………………………………………………26
    h　中国と黄金 ………………………………………………………27
    i　西方の記憶 ………………………………………………………27
    j　西王母とは ………………………………………………………28
    k　中国におけるコーカソイド像 …………………………………31
    l　ヘーロドトスによる東方ルートの記録 ………………………34

第Ⅲ章　ラピスラズリの路―遠距離交渉の確認―
    a　くりかえされる交易―原料獲得の路 …………………………39
    b　"遠方"という意識―他世界との交流 …………………………40

c　宝貝の路 ……………………………………………………………41
　　d　金属器時代への変化 ………………………………………………43
　　e　ラピスラズリとは …………………………………………………43
　　f　ラピスラズリの路 …………………………………………………48
　　g　楔形文字資料にみるラピスラズリ交易 …………………………51
　　h　中国の"玉" ………………………………………………………53
　　i　遠距離交易品を多数出土したパジリク古墳群 …………………55
　　j　パジリク古墳群出土の外来品 ……………………………………57

第Ⅳ章　運ばれた馬と車─複雑な事物の伝播1─
　　a　アイディアと発明・技術・デザイン＝複雑な事物の伝播 ………63
　　b　麦─西アジア型農牧複合の伝播 …………………………………64
　　c　運ばれた馬と車 ……………………………………………………67
　　d　家畜化とは …………………………………………………………70
　　e　家畜化における変化 ………………………………………………72
　　f　馬家畜化問題をめぐって …………………………………………74
　　g　馬骨を大量に出土したデレイフカ遺跡 …………………………75
　　h　デレイフカ遺跡出土馬骨をめぐるアンソニーの説 ……………76
　　i　アンソニー説をめぐる議論 ………………………………………78
　　j　馬家畜化年代の下限 ………………………………………………81
　　k　馬使役の開始 ………………………………………………………81
　　l　銜の発明 ……………………………………………………………84
　　m　円盤形骨角製鑣 ……………………………………………………87
　　n　馬面のひろがり ……………………………………………………90
　　o　騎馬の確認 …………………………………………………………92
　　p　馬利用習俗にみる右と左 …………………………………………94
　　q　中国とその西・北方における初期馬利用 ………………………95
　　r　馬利用拡大の意義 …………………………………………………99

第Ⅴ章　去勢の風は東伝したのか―複雑な事物の伝播 2―
　　　　a　去勢をめぐる問題点 …………………………………… 101
　　　　b　去勢の目的 ……………………………………………… 103
　　　　c　ユーラシア西部における初期去勢 …………………… 104
　　　　d　中国西・北方周辺地域における初期去勢 …………… 107
　　　　e　中国における初期去勢―甲骨文資料より …………… 112
　　　　f　伝先秦文献にみる宦者 ………………………………… 119
　　　　g　伝先秦文献にみる去勢畜 ……………………………… 122
　　　　h　漢代の字書にみる去勢と騾字 ………………………… 124
　　　　i　中国における初期去勢―図像資料より ……………… 126
　　　　j　中国における初期去勢―骨格資料より ……………… 129
　　　　k　去勢伝播についての結論 ……………………………… 131

おわりに
　　　　a　民族移動と遠征 ………………………………………… 135
　　　　b　ふたたび　東西交渉とは …………………………… 136

　　引用・参考文献 ………………………………………………… 143
　　挿図・表出典一覧 ……………………………………………… 155
　　あとがき ………………………………………………………… 159

　　索　　引 ………………………………………………………… 161

【例言】
1　漢字は原則として原文の正字・簡体字・俗字等も常用漢字体になおして使用する。ただし複数の正字が常用漢字一字になっていて誤解を生じそうな場合は正字をもちいる。たとえば、國は国、獻は献、とするが、藝は芸としない（もともと芸と藝は別字）し、濱は浜にしない（もともと濱と浜は別字）ことがある。
2　"中国"は原則として戦国七雄の領域、前第三世紀始皇帝"兼併天下"時の版図、をいう。
3　"千年紀"は1000年間のこと（100年間を"世紀"と呼ぶこととおなじ）。たとえば、前第二千年紀は前2000年から前1001年（前第二十世紀から第十一世紀）の間のこと。

はじめに

　東西交渉やシルクロードに関する書物は、西紀前第二世紀、漢孝武帝（武帝）時代の張騫鑿空事件から始まる話がおおいのであるが、本書はその張騫以前から世界各地域がそれぞれ遠方他地域との関係—ネットワークを持っており、孤立してはいなかったことを述べるものである。おなじみの楼蘭故城・敦煌石窟・サマルカンドの青蓋や仏教・景教・イスラームの話は本書であつかう事柄の後代の結果である。

　筆者は先に『ウマ駆ける古代アジア』（講談社　1994年）なる小著を発表した。これは、アジア各地小世界の間について、馬利用と古代戦車の拡大を手がかりとして、"天馬以前の道"をさぐったものである。何かを運ぶ馬と車ではなく、運ばれた馬と車のことをかんがえながら、読者とともにユーラシアの時空を駆けようとした。天馬は孝武帝と張騫の活動の象徴である。実は今回の本書のほうが『ウマ駆ける古代アジア』のもとであったというのが筆者の本心なのであるが、まとめやすい部分が先に出たのである。しかし、当然ながら遠古の人々の広範な活動は馬と車によってのみ知り得るものではないので、本書では、それ以外の資料によっても、世界諸地域が孤立せず補完しあって歴史をいとなんできたことをかんがえたい。また、馬と車についても前書以降判明したことを付けくわえよう。

　"人類の文化は時間的にも空間的にも、一個の'連続した全体'をなしている"し、"一地域の発達は他の地域を環境として始て理解される"のである。

　人は何故生活圏を越えて遠方へ行くのか。初期のにない手は如何なる人であったのか。人々が異域との関係を持ち始めたのはどういうことなのか。

　無数の原因と無数の結果が織り成しているものが歴史である。そのほんの一部分でも時にはかんがえてみよう。

　第Ⅰ章は、各地に文明圏・小世界があり、それを越えて人々が活動することについての前おきである。

第Ⅱ章では、中国と西方との関係について、張騫の活動とそれ以前の記録について検討する。西方からとしてはヘーロドトスの記述をみる。

　第Ⅲ章では、距離の問題、大昔から遠距離を越えて人間が活動するのか、という問題について、貴石ラピスラズリのひろがりを代表例にしてながめてみる。ラピスラズリ等はおおまかに言えば、珍宝と生活必需品の別はあるにしても、資源確保という分野で、一見単純な物資を運ぶだけにみえる。それに対して、技術の伝播等はひろがりかたが別であろう。それを第Ⅳ・Ⅴ章で述べる。

　第Ⅳ章では、技術・システムをともなう複雑な事物の伝播について、馬利用を主な題材として検討し、第Ⅴ章で去勢の風(ふう)が東伝したものか否かを検討する。

　張騫が遠征したのは、これらの結果である。

第Ⅰ章 "シルクロード"以前―"文明圏"を超えて―

a 東西交渉とは

　本書は東西交渉史という分類に入るものであろう。これは伝統的な表現を採用しているだけで、問題の性格をかんがえれば東西にかぎるわけではない。アジア交通という人もある。やや抽象化すれば、文明圏を超えての遠方・遠距離交渉（交流・交通・接触・影響）のことである。そのなかで、従来中国を一方の極として西方、つまり中央ユーラシア・西アジア・ヨーロッパをみている場合が、東西交渉と呼ばれていて、長安・バグダード・ローマをシンボルとするシルクロードはそのひとつの表現である。

　文明圏とは、生活圏・文化圏・経済圏・政治圏・環境圏といった、人間が生活するうえでのさまざまな範囲の中のひろいものをおおまかに指すことにする。そこで、何々圏・地域・（小）世界、せまいものは我々の通勤圏や買物圏から、さまざまな"範囲"というものを意識に置いて本書の主題を検討していただきたい。

　そして漠然としてでもその範囲を越えて、遠方へあるいは遠方からの往来・運搬・伝播、という意識ができてからの時代を取りあげることにする。近年、モンゴル時代から世界史が始まる、とも言うのは、そのひとつには、巨大政治圏ができて遠方意識が明確になり（ユーラシアの東西が相互にはっきりと存在を確認しあった）、人の往来と物流が多量になったことを指すのであろう。"ユーラシア大交易圏"である［杉山 1997　p.322］。意識されたシステムが成立したのである。そのモンゴルも古来のルートがあるから遠征したのであって、前人未踏の地へ往ったのではない。その古来のルートはどこまでさかのぼり得るのか。筆者は、そのはるか以前からすでに、東西をむすぶルートがあり、ある一地域の完結した歴史発展などは無く、遠古から一体の世界史なのだ、とかんがえるものである。その世界史のなかで、東西諸地域が互に徐々にはっきり知りあってくる、認識しあってくるながい過程があり、

そして、直接知りあう前からも実は互に補完しあい、融通しあい、影響しあっている諸地域がある、ということである。

　人類がアフリカから拡散したものであるならば、それはすでに広域の運動であり、はじめから世界中は一体で、各地域は孤立していないのであるが、大昔には遠方についての明確な意識はべつになかったであろう、漠然とはあったにせよ。旧石器製作技法のひろがりや、初期農牧文化の拡大も当初そのような遠方を目的とする意識は無いまま徐々にひろがった永年の結果であろう。それに、これらは往来をくりかえす必要はないし、拡大の速度も遅々たるものであった（もとの地や途中の記憶はかたりつたえられ、後の行動の因になったかもしれない）。ただし、人間がすでにそうせまい範囲だけで暮らしていたのではないことは、石器石材や宝貝のひろがり、土器紋様のひろがり、からわかるのである。そのなかで、交易という語があてはまる場合は、一方向の運動ではなく、双方向また多方向、くりかえしの運動であり影響である。意識はされていなくとも、結果として、ある地域からの影響が無ければ、他地域の歴史はおなじではなかったはずである。発明・発見・新知識の伝播と物資の交易は性格がちがうけれども、このようなネットにより、知恵も物資も拡大していった。

b　遠方への意識

　そして、人は、見なれぬあるいは見知らぬ人や物・アイディアがある方向からやってくることを知るうちに、ある時期からはとおい彼方を意識にのぼせる。また、ある種の物資、たとえば美石や宝貝は、何回来てもよいし、というよりももっと欲しくなる。入手するために積極的に遠方産地との関係をつくろうとかんがえる。遠征と生活圏の拡大がおこなわれる。

　たまに少量到来、が、時々になりさらに、継続的に、恒常的に多量に確保するようになる。特に、金属使用時代に入るころ、それは同時に国家形成期であり人口増大期であるが、外来品消費が一段とさかんになる。そして金属なるものは生物としての基本生活に無い品物であって、それまでの、生物として食料のとれる場所に住む（当然である）、ということとはまったく事情のちがう物資として出現したから、それまでの居住地域内にうまく産出すると

はかぎらない。したがって、その入手をめぐって人類社会はおおきな転換期をむかえざるを得なかったのである。産地が無ければとおくから持ってこなければならない。地球上の資源が不均一だからであるが、これは現今の石油問題等をかんがえればよくわかることである。石油を利用するようになったからその新ルートが大問題になり、以前は見むきもされなかった土地が石油やウラニウムが出るといっては取りあいになる。

c 金属器時代

　初期金属器時代に先んじて入り勢力を拡大した中心地が、メソポタミアのウルクや中国の河南二里崗遺跡である。ウルク＝エキスパンション、二里崗インパクトといったその名を冠した歴史学用語がつくられているのは、金属を始めとする資源獲得の新段階に人類が入った状況に発している。

　都市生活・遊牧経済、何にせよある段階以後の生活は本質的にはまったく自己完結していないし、さらに最近の歴史学用語で"威信材"と呼ばれる、制度を維持するための物質はおおく外来品・到来品である。たとえば中国周時代の金文（国家儀式記録）には王から臣下への宝貝・玉（ぎょく）・銅地金などの下賜をしるす（図13）。これらは、単なる贅沢品・奢侈品ではなく、国家を維持するためのものであった。後でふれる秦李斯上奏文や夏桀・殷紂の贅沢の記述は単なる帝王のおごりのように伝承するが、ふるい時代の記憶が戦国から漢の人には忘却されているのであろう。

　資源の中には、木材や金属のように多量に必要かつ重量のある実用品と、宝貝のような非実用奢侈品があるが、どちらにせよ大量に恒常的に入手するのはかなりの制度というかシステムが必要である。また金属業は、原料鉱石と最終製品たる金属がまったく外観も質もことなる物質で、神秘的な変化を起こさせる（その点は、醸酵業と窯業もおなじであった）特殊技術と知識、特殊設備を必要とし、運送も困難な分野であった。人々の中で当時もっとも遠方へ出かけた者は、都市国家の資源探索隊であったろう。金属は当初むしろ奢侈品であったが、段々と生活必需品になる。必需品の中ではあたらしいものと言えよう。日常経済圏内では一番遠方から来る品物であり、日常経済圏の範囲をひろげた品物である。食料は一番近所の物である（珍味と呼ぶ物は

別であるが)。

d 古代帝国へ

そこで、石器時代からかんがえてみると、この問題第一の画期は金属時代に入る段階であり、第二の画期はその後の時代、古代帝国成立段階である。古代帝国成立とは、ハハーマニシュ（アカイメネス）＝ペルシア・ローマ・漢など人類最初の政治的大統合の時代で、一政権自体が広域かつ多民族国家になり、国境・辺境はよりとおくなり、生活圏・経済圏が拡大し、おおくの人が遠距離移動をするようになり、国内国外ともより遠方への知識や関係は増し、おそらくそれらの結果、人類の思想も深化してくる。我々の知る大思想家がこのころの人から始まるのは、文字記録がこの時代から普及するので知ることができるということでもあるが、実際これ以前には大した人は居ないのであろう。後述するようにハハーマニシュ＝ペルシアが非常に広範囲から物資をペルセポリスにあつめていたことがわかっている。これは、広域とはいえ同一政権内であるが、本来は異域からあつめていたのが征服でひとつになったのである。ラピスラズリの路も距離こそ中央アジアからエジプトまでととおいものの、最終的にはハハーマニシュ朝とアレクサンドロスの版図になり、地理的な知識は増した。自分の世界はひろくなり、異世界はよりとおくなった。それでもモンゴル時代以前はまだよくわからない遠方世界が互にのこっていた。

e 孤立した社会無し

外来品や外来思想が歴史を変える要素になることは、日本史上でも、稲作・漢字・仏教・種子島などの例でわかるとおりである。これらも日本へ伝来する以前にそれぞれの歴史を持っていて、その結果が伝来先の歴史をうごかしたのである。外来の何かがそこの世を変えるということは、結局、一地域内で完結する閉じた歴史—世のうつりかわり—は無い、ということなのである。

各地域は互に環境なのだからどこが世界の中心ということはないのである。またしらべてみると、いつでも先進地という所も無い。単純に通過というこ

とも無い。A地とC地のあいだにB地がある場合、A地とC地の関係において B 地は中間地ではあるが、単なる通過点ではない。煙管(きせる)のようにすーっと通過するものではない。それぞれの地域は独自性をもっているし、B 地を通過するとき変容を受ける。つまり、A 地・B 地・C 地相互の関係は、

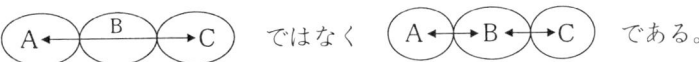

f 東西交渉史研究の歴史

本書のテーマについてこれまではどう研究していたか。

古代以来、そのまた昔についての伝承があり、遠方伝説があり、ヘーロドトスのようにそれを比較した人もある。彼はエジプトの年代伝承のふるさを検討している［ヘロドトス II 142—146］。そして、ヨーロッパ人が世界中へ進出するにつれ、インド＝ヨーロッパ語族拡散問題や匈奴フン同族説が議論され、また天文学・暦法や神話の伝播も論じられた。さらに近代考古学が起こると、世界各地で多数の遺跡があきらかになり、楔形文字などの古代文字も解読された。研究初期にめだったものは、ヨーロッパ人のいう古典古代にあたる青銅器時代前後の諸文明であった。よく"かがやかしい文明"と称される。それらの起源や相互関係・相互比較も興味をひいたものの、年代もすぐには確定できず、発掘の空白地域・空白時期もあり、文明起源についてエジプト一元論や中国起源説も出たものの実証的とは言えなかった。しかし、だんだんとユーラシア全域また世界中が歴史研究の俎上にあがってきた。

たとえば、金属使用開始はアジアで西のほうのふるいことが気づかれ、だいたい年代順にひろがることがわかる（図1）。ただし、金属はどこでも産するから、独立発明の可能性はあるので、一元説、多元説に決着をつけることはむつかしいであろう。新石器時代研究がさかんになると彩文土器の広範囲の分布、あるいは作物や家畜各種の起源地とそのひろがりなども問題になってきた。そしていわゆる古代四大文明のうち、西の三大文明は西アジア型農牧文化（麦と羊、パンとミルクで代表する生活、表1）の生業をおなじくし、交易もふるくからあることがわかってきた。しかし、中国は西方の大文明から離れているので、その初期の関係はむつかしいテーマであった。

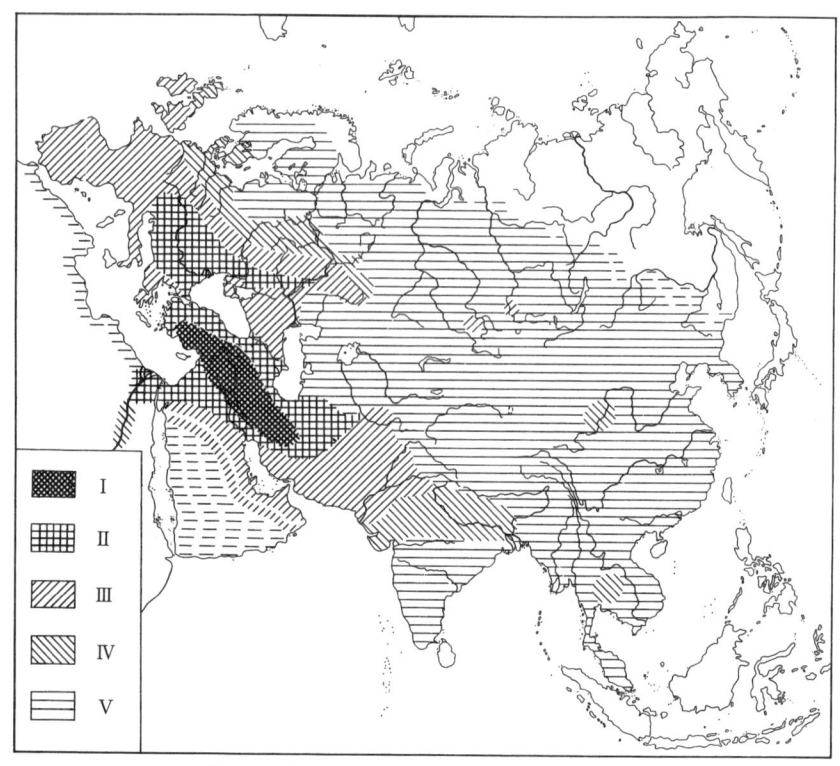

図1　金属（銅・青銅）技術の連続的拡大
　Ⅰ　前第七千年紀―前第六千年紀　　Ⅱ　前第五千年紀―第四千年紀前半
　Ⅲ　前第四千年紀中頃―第三千年紀前半　Ⅳ　前第三千年紀中頃―前第十八・十七世紀
　Ⅴ　前第十六・十五世紀―前第九・八世紀

　そのなかで、李済は具体的研究としては早くに、中国の殷墟・インダスのモエンジョダーロ・メソポタミア・エジプトの遺物をとりあげてそれらの類似を論じた［Li 1957］。特殊な形の土器、からみあった龍（蛇）のデザイン、などである。人間はおなじことを発想するものであるから、原産地が限定できるような物以外は、類似しているからどう、というのはそう簡単な議論ではないのであるが、複雑な構造で似ているならば伝播した候補としてこのテーマ下で検討する価値はあるであろう。

　たとえば、李済が取りあげた題材の中に、両手に獣を制し脚下に獣を踏まえて立つ英雄（神？）像がある。これはたしかに奇妙なデザインであって、

図2 メソポタミア初期王朝期土器紋様
イラク、テルグッバ第Ⅳb層出土　前第二十九—二十八世紀頃
上段の英雄？は動物を踏まえていないが、下段では動物の上に立つ。

各地独立に発想するようなものではなさそうである。各地の似たデザインをみるとその中には以下のような変異がある。

①鳥獣二頭が向かいあうデザイン（頭をつきあわせるものと、尾をつきあわせるものの二種があり、頭をつきあわせるものも内向と外向があり、動物種類も馬・山羊・蛇・鳥等何種もある）があり、

②その二頭間に人（か神）が立つものと、居ないものの別があり、

③人（神？）が居る場合は、両手に頭頸部を制するものと、尾部を把握するものがあり、

④その脚下に獣（これも一頭と、二頭とある）が有るもの・無いもの、がある。

デザインの構造だけをみても似ているとはいえ種類がおおく、年代も地域

図3 エジプト先王朝時代石製ナイフ用河馬牙製柄紋様
伝エジプト、ジャバル=アルアラク出土　ナカーダⅢ期　前3200年頃〔ルーヴル美術館蔵〕

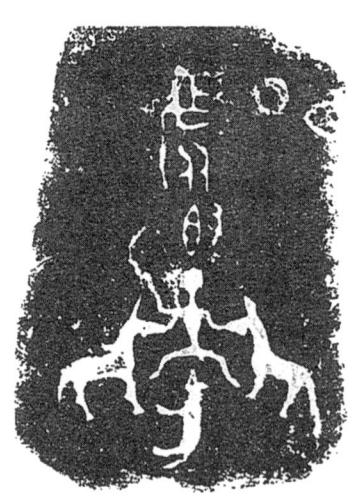 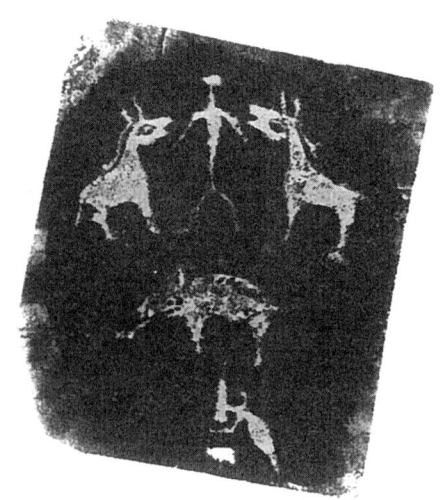

図4 中国金文
西周早期　伝世品および安徽省出土　前第十一世紀頃

図5　凍石製容器紋様
イラク、カファージェ出土　初期王朝期I期　前第二十八・二十七世紀頃〔大英博物館蔵〕

もいろいろであり、それぞれの系統をかんがえなければならない。全部一緒に、セム語族系の太陽神とか、印欧語族に由来する双馬神像〔郭 2004；林梅村 2000 p.7-〕等、と単純にはできないであろう。

　李済が取りあげたものはこの中でもっとも複雑な構造で、一人立、内向双獣かつ脚下に獣、の場合である。脚下の獣のデザインもわかりにくいので、ひとまずあまり厳密にはかんがえないで、李済に追加してさがしてみると、メソポタミア初期王朝期大型土器彩紋（図2、前第二十九～二十八世紀ころ）、メソポタミアのクロライト製容器紋様（図5、前第三千年紀前半）、エジプト先王朝時代石ナイフ牙製柄彫刻（図3、前3200年ころ）、殷周金文（図4、前第十一世紀ころ）、ルリスターンブロンズ（出土状況不明のまま大量に知られたザグロス山脈ルリスターン地方出土の青銅器時代から鉄器時代初期にかけての一群の青銅器・鉄器）の祭祀立棒、等にあり、時代もひろい。最古は多分メソポタミアで、新石器時代末期には出現するようである。筆者はこれについてまだ未調査なのでくわしい紹介はできないのであるが、追跡の価値ある題材とおもっている。おなじように奇妙なデザインのひろがりに、ギリシア語でグリュプス（グリフィン）と呼ばれる怪鳥（鷲と獅子の合体）像があり、スキュタイ時代を中心にひろく流伝して行く。これについては本シリーズの『グリフィンの飛翔』（林俊雄著）を参照されたい。

　李済とおなじころ林巳奈夫は西アジアから東アジアへの馬車の東伝を論じた〔林 1969〕。このころから具体的な遺物にもとづく論考が始まると言ってよいであろう。東西文明の交流と題するシリーズでも遠古の交渉があつかわれた〔護編 1970〕。以後、地域的にも時代上でも考古学発掘の密度はたかく

なってきているが、テーマの性質上なかなか解明にはいたらないのが現状である。

なお、資料のことであるが、考古学・文献史学・民俗学・地理学等どんな研究法をとるにせよ、歴史研究は、一般にふるい時代になるほど資料がすくなくなるので、わからない分がおおくなる。こう言うと、どうせわからないのだから何を言っても良い、という人がある。しかし、資料が皆無なのではない。新資料を増やし、新解釈を引きだせば、遅々たるあゆみではあるが、本書のあつかうような時代・地域でも確実な知を増やして行くことはできる。本書はその一試考である。

第II章　張騫鑿空記事の検討―張騫以前にも在った路―

　本書は張騫以前―時期はすこしずれるが意義においてはほぼアレクサンドロスIII世（大王）以前ということにひとしいであろう―を主題にしている。また、中国から西方をみることが基本なので、張騫の事績を始めにみておこう。アレクサンドロスのことは取りあげないが、アレクサンドロスの征服した所はそれ以前に中央アジアからエジプトまでをふくんでいたハハーマニシュ朝の版図であって、すでにひとつの政治圏になっていたことをわすれてはならない。いきなり大征服をおこなったように言うことはちがう。
　張騫の名はいわゆるシルクロードをひらいた人物として高校教科書を始めよく知られている。張騫事績についての基本資料は『史記』「大宛列伝」・「衛将軍驃騎列伝」付記と『漢書』「張騫李広利伝」であり、基本的研究は桑原隲蔵の「張騫の遠征」[桑原1916]と榎一雄の「張騫の鑿空」[榎1982]であろう。初めての人は小谷仲男著『大月氏』[小谷1999]をみるのが良い。

a　張騫事績の背景
　張騫の事績の背景をかいつまんで述べよう。
　このころ、つまり前第一千年紀は人類が初めて巨大国家・広域政権をつくり、それが並立した時代で、西方まずアッシリアあたりが先駆ということになるが、ハハーマニシュ（アカイメネス）ペルシア、それを征したアレクサンドロスIII世（大王）の政権、ローマ、大月氏～クシャン朝、アルシャク（アルサケス、安息）ペルシア、東アジアにおいては七雄から始皇帝、漢、といった大統合が各地域で起こった。歴史学用語でいう古代帝国である。その中側は、今でいう広域・多民族国家となり、外側は、周辺地域につよく影響をあたえた。さらに巨大国家は相互に接しあるいはぶつかりあうことになる。
　草原ステップ地帯にもそのながれはおよび、漢文史料で"匈奴"と呼ばれる大統合がなされた。匈奴の中心部は現在のモンゴルにあたる。巨大国家が

ふたつ、匈奴と漢がとなりあっていたことが張騫登場の原因である。巨大国家はこの後の時代にもあり現代にもあるが、このころは新石器時代の原始農村から青銅器時代の都市を経て拡大してきて、史上初めてそういう事態になったのであり、人々は多大な新体験をした。人々の行動範囲はひろくなり、新知識・新体験が急増する。文字も普及する。我々の読む"古典"なるものがこのころから東西一斉に始まり、我々につながる時代が始まった感があるのは、そのような背景による。

西方世界が、ハハーマニシュ～アレクサンドロス帝国によってひとまずまとめられる頃、ターリム盆地はおそらく月氏によってまとめられていた。そこへ匈奴と漢が進出して行くのである。

b 匈奴と騎馬遊牧

匈奴は遊牧国家（漢代の用語では"行国"）と呼ばれる。生業の中心は騎馬遊牧である。騎馬遊牧とは何であろうか。

仮に、農耕と牧畜（起原については第III章）への比重の置きかたを基準に生業を分け、定住生活と移動生活を基準に居住形態を分けてかんがえるならば（図6）、理論上世界中いろいろな生活があり得るし、また実際に存在するのであるが、一方の極として、農耕にたよらず牧畜にたより、そして移動生活をするタイプが遊牧（游牧）である。游は人間の移動生活（漢代の用語では"遷徙（せんし）"）の意味である。牧畜とは群性の有蹄類（基本家畜は羊・山羊と牛、時代と地域により駱駝・ヤク・馬等）を設備無しで多数飼育して生活することである。

設備（柵や畜舎）が無いにもかかわらず羊が逃走せずに居ることは、人間が畜群をまとめる技術を持っているからである。結果として、羊群が自然の山野で草を喰みながら移動することになるが、この点は定住の牧畜でも遊牧の牧畜でもおなじなのであって、羊群を連れて移動しているシーンをテレビ放送などですぐ遊牧と言うのは誤解である。関連して、昔から東西交渉に遊牧民の果たした役割はおおきいと言うが、これは移動しているから言うのであろうけれど—筆者はこれ自体を否定はしないが—最大の役割を果たしたものはむしろ後述する都市の資源探索隊ではないかとおもう。これは、鉱山

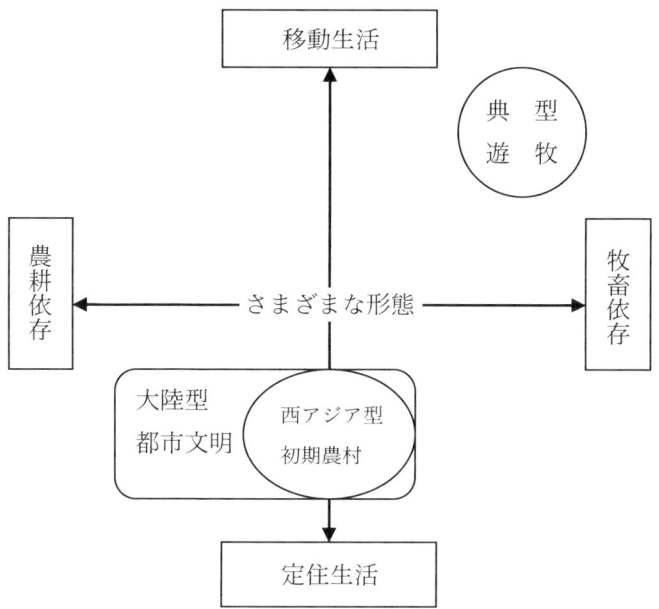

図6　基本生活における遊牧の位置づけ

師・軍隊・商人を兼ねたような存在で、ヨーロッパ人大航海時代の海賊とおなじであろう。

　騎馬遊牧の騎馬とは、この牧畜を、騎馬を管理手段としておこなうことである。騎馬遊牧の発生自体現在わかってはいないのであるが、先に述べたハハーマニシュ朝などの古代帝国が定住農牧地帯に興隆した時にやや遅れながらも、草原の遊牧地帯も軍事化・広域政権化してきたのである。ヘーロドトスのつたえるキンメル人やスキュタイ人はその先駆である。定住農牧地帯の歴史が新石器時代から古代帝国まですんなり理解できるのに、遊牧地帯の大統合についてはよくわかってはいない。初期遊牧国家については本シリーズ続刊『ユーラシア東部における騎馬遊牧文化の成立』（高濱秀著）と『スキュタイ騎馬遊牧国家の歴史』（雪嶋宏一著）（いずれも仮題）にゆずる。

　匈奴とその周辺諸民族は冒頓単于なる英雄によって統合される（前209年とされる）のであるが、それはちょうど中国側で始皇帝後（前210年死）から漢高祖の動乱時代にあたった。"単于"は匈奴皇帝の漢字表記で、後世の

可汗に相当する。冒頓単于の大統合は、始皇帝による北方への締付のせいであるとも言う［籾山 1999 p.22～27］。しかし、ともかく既に始皇帝が用心するほどの力を持っていたのではあった。

冒頓単于直前、匈奴の西方は月氏、東方は東胡なるグループが有力であった。匈奴については、『史記』と『漢書』の両「匈奴列伝」が文献の主要資料である。冒頓単于統一により、となりあう二大勢力匈奴と漢は衝突にいたり、冒頓単于と漢高祖は直接対決もするが（前200年、平城の戦、現在の山西北部）、漢初は、匈奴の方が軍事上優勢であり、漢は一種の土下座外交をして耐えざるを得なかった。

漢は孝武帝（武帝）の時代（前141年即位）になって匈奴への逆転を図る。その策のひとつに、匈奴をうらむ月氏なる民族が匈奴西方に居るとの情報によって、遠交近攻、月氏と漢で同盟をむすんで匈奴を討つ、というアイディアが出る。「大宛列伝」から受ける印象では、匈奴のさらに遠方のことは漢朝では知らなかったようである（ある程度知っていたから派遣した、とする説もある）。なにしろ、今の甘粛の大部分も漢ではなかった時である。武帝以前の漢西端は今の蘭州あたりであろう。

c 張騫の遠征

そこで担当者を募集し、漢は張騫を月氏への使者として派遣することになる。建元年間、前138年（前139年説もある）出発し、すぐに匈奴の捕虜となったものの、脱出して今のアフガニスターン北部・ウズベキスタン南部にいた大月氏のもとへたどりつく（図7）。西遷後の月氏を漢では大月氏と称する。交渉するも大月氏との軍事同盟は成立しなかったが、中央アジア各地をめぐり、情報を得て、帰路また匈奴に抑留されるが脱出し、元朔三年（前126年）長安にかえり着く。百余人のキャラバンで出発したのであったが、帰国時は二人であった。『史記』はこれを"鑿空（さくくう）"とよんでいる。鑿空とは孔を穿けるの意で、西方に初めて往って道をひらいた意味であろう。しかし、はたして初めてかどうかというのが本書の論ずるところである。騫出国中に漢はすでに軍事的攻勢に入っていた。張騫は行く先で常に、行国か土著（土着）つまり遊牧国家か定住国家か、さらに人口や軍事力、方角や距離、産

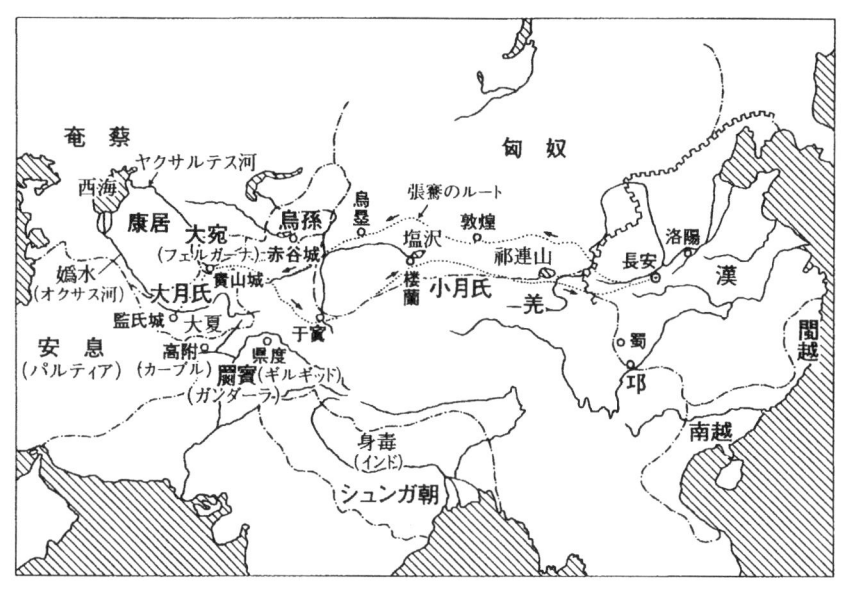

図7　張騫遠征地図

物等を記憶してきていた。武帝は騫の話をよろこんで聴いたという。この土産話の中に"天馬"のことがある。

『史記』によれば、騫は、力つよく、寛大で人を信じ、蛮夷もこれを愛す、とあるから十分に人柄がわかる。胆力・知力・体力はもとより、意思つよく、他人に信頼される、まさにこのような任務に適した人物であったようである。このような人物は稀である。

張騫が中央アジア滞在中の記事を読むと（以下原文は「大宛列伝」より）、むこうでは漢のことをすでに知っていたようにみえる。

まず大宛（今のウズベキスタン東部・クルグスタン西部）へ着いたところ、

　　大宛聞、漢之饒財、欲通、不得、見騫、喜
　　―大宛は漢の豊かなことを聞いていて、貿易をのぞんでいたもののできなかった、そこへ張騫がきたのでよろこんだ、

とある。月氏へ着くと、

（大月氏）又自以遠漢
——大月氏は漢が遠国であることを理由に、（同盟をむすばなかった）。

また大夏（今のアフガニスターン北部）の市場で邛の竹杖と蜀の布をみる。

（張騫）在大夏時、見邛竹杖・蜀布

その竹杖と布は商人が身毒（今の北インド）という象に乗る国から仕入れてくることをきく。また、大宛・大夏・安息な漢の財物を貴とすることを知る。張騫は以下のように推理する。

大夏去漢萬二千里、居漢西南、今身毒国又居大夏東南数千里、有蜀物、此其去蜀不遠矣
——大夏は漢から西南へ一万二千里、身毒は大夏から東南へ数千里でありしかも蜀の物がある、とすれば、身毒は蜀からそうとおくはない、漢から西南へ出れば（蜀も邛も今の四川）身毒を経て大夏へ達するルートがある、と。

大夏・漢・身毒の三角形が頭にできたわけである。

帰国後この推理にもとづいて、今いう西南ルートをさがすものの、雲南あたりから西へ遠征することはできないが、その先には象に乗る地帯があること等を聞き、"蜀賈姦出物者"（蜀の密貿易商人）が活動していることを確認している［『史記』「大宛列伝」］。

これはおなじ武帝時代建元六年（前135年）、番陽の令唐蒙が、南越（今の広東省辺）へ使したときに、そこで供応された蜀特産の"枸醤"をみてその入手経路をたずね、蜀から夜郎・牂牁江を経て南越にいたるルートを推定した話［『史記』「西南夷列伝」］とよく似て、彼ら漢人の地理的情報分析力のたしかさをしめしている。

d 蜀布と邛竹杖

ところで、"蜀布"と"邛竹杖"とは何であろうか。蜀も邛も現在の四川省内の地名である。布は蜀特産の"細布"つまり細密に織った麻布の一種、

邛竹は現在も成都西方に産する特色ある竹で、布をほそく巻いてこの竹に入れて輸出したものであるとのことである［工藤 2002］。工藤元男採集の竹実物も拝見したが、ほそいわりに節がふとく、古人による注のとおりで、一見して特徴のある竹である。非常に特徴のある布と竹であったから、騫にはすぐわかったのであろう。もっとも、竹のほうはどんな竹でも地域的に言ってめだつ品物であったはずである。筆者もバグダードで竹が視界をかすめたときに、瞬間的に気がついたことをおもいだす。

e 張騫とコロンブス

張騫がはるばるたどりついたら、漢のことは向こうが知っていて貿易をもとめており、漢の産物も在り、帰国して調査したらそれを輸出しているらしい蜀の密貿易商人もいた、というのであるから、騫は初めて中央アジアに関係した漢人というわけではないのである。国家公務員というか外交官としては中国王朝で初めて往った人との言い方が適切で、そして遠征の結果として社会的文化的影響が大、ということであろう。

似た例としては、コロンブスのことがある。アメリカ大陸へ到達した最初のヨーロッパ人はコロンブスではないようであるが、コロンブスは先人のことは知らずに往ったらしいし、ヨーロッパ世界におおきな影響のあった人としてはやはりコロンブスになる、ということとおなじであろう。ヨーロッパ世界にとっては"発見"なのである。やはり、鑿空、中央アジアへ実際に往き、道をひらいた人、という言いかたはまちがいではない。後世葡萄などおおくの西方到来品が張騫物と呼ばれ、そのなかには胡桃・胡瓜・胡椒・胡麻・胡楽など胡字をつけて表記されるものがおおいのは、張騫が運んできたことが事実であるにせよないにせよ、無理からぬことである。『唐詩選』王維の「劉司直安西ニ赴クヲ送ル」に、

　　苜蓿ハ天馬ニ随ヒ
　　蒲萄ハ漢臣ヲ追フ

とあるのをおもいだす方もあろう。

なお、胡字は時代によってニュアンスがちがうが、だいたい中国からみて

西・北方の地域や人をしめす。胡は本来匈奴を指したようである。匈奴の自称に当てた漢字とする説もある［余 2005 p.3］。唐代などではむしろペルシア系を指す。

f 中国における西方についての古記録

中国と西方の交流をしめす漢以前の記録にはどんなものがあるか。

烏氏倮なる人物が牧畜で利を得てめずらしい絹織物を買いあつめ、その絹を戎王に献じたところ、戎王はその値十倍相当の馬牛をあたえた（馬牛の数はかぞえきれないので、谷を枡がわりにして量るほどであった）ので烏氏は大富豪になり、始皇帝はこれを表彰した、との記事が『史記』「貨殖列伝」にある。富を得たことよりは、軍事・運送につかう馬牛を獲得したことを誉めたのであろうか。

烏氏倮、畜牧、及衆、斥売、求奇絵物、間献遺戎王、戎王什倍其償、与之畜、畜至用谷量馬牛
（うしのかは　かちくをかって　たくさんになり　うりはらって　めずらしいきぬをもとめ　ひそかにじゅうおうにおくった　じゅうおう　そのあたいじゅうばいの　かちくをあたえた　そのかずはたにをますにしてはかるほどであった）

これだけの文章である。烏氏は族名であり地名であろうが、『史記』「匈奴列伝」では烏氏も戎の一種である。今の寧夏回族自治区南部との説などがある。戎王はもっと西か北に居たものであろう。絹が早くから西・北方へ出ていったことをしめす記述である。事実、漢代以前の絹は、中国外で後述するアルタイ山脈のパジリク古墳群等において出土している。烏氏と戎王については［松田 1967］にくわしい考察がある。

出る物があれば入る物がある。戦国時代の奢侈品をならべてみると、玉・毛皮・珠など、自国産もあるのかもしれないが、一般に外来品を珍重したことが文献にみえる。

一例は、李斯上奏文なるもので『史記』「李斯列伝」に載っている。始皇帝統一直前の秦国において、多数つかえていた外国出身者を追放する政策案（逐客、客は外国人のこと）に対して、珍重する宝物（や美女・音楽）は外来品ではないか、人間のみ外来者を排斥するのか、と主張している。李斯は楚出身の改革担当大臣であった。そこにあげてある宝物とはみなひとつも秦に産しない。

今陛下 致 昆山之玉、有随・和之宝、垂名月之珠、服太阿之剣、乗繊
離之馬、建翠鳳之旗、樹霊鼉之鼓、此数宝者、秦不生一焉、而
陛下　説　之、何也

　昆山は西方にあるという美玉の伝説的産地、今の崑崙山脈は漢人が進出してからこの伝説にもとづいて命名された。随と和は伝説的名宝の名でやはり玉の名か。名月の珠は南方産真珠。太阿の剣は干将莫耶とならび称される名剣。繊離の馬はいかなる名馬か不明。翠鳳の旗・霊鼉の鼓は特別な動物を利用した旗と鼓。全体に西域南海産がおおい。当時、王侯・素封家はこのような数々の宝を身に付け、あるいは、身近につかっている。

　中国古典には、人間が時代とともに段々奢侈に力を入れるようになった、贅沢になった、との歴史認識がくりかえし述べられる。実際にはそうでなく、ふるくから奢侈品はあったのであるが、このように主張された。外来の奢侈品が急増したという印象があったのであろうし、事実奢侈を代表するものには外来の珍宝がおおい。経済史の認識といえよう。たとえば、漢代の『塩鉄論』「通有篇」（各地の産物有無を通じる）にまとめというべき文章がある。

（古者……）世不宝不可衣食之物……遠方之物不交、而昆山之玉不至、今世俗壊而競於淫靡……金銀……珠璣……犀象……翡翠、求蛮貊之物、以乱中国、徙邛笮之貨、致之東海、交万里之財、曠日費功、無益於用
　―むかしは、家はくぬぎのたるきを切らず、屋根の茅もきらず、ぬのこを着、土硎（汁用の土器）ですすり、金属を鋳て鉏（すき）をつくり、土をこねて器物をつくり、工人は珍奇なものをつくらず、世間では衣食に関係のないものを大切にしませんでした。それなのにだれもが自分たちの住居に安んじ、自分たちの習俗を楽しみ、自分たちの食べ物を御馳走とし、自分たちの器物を便利だとしていました。そこで遠方の物資は交易されず、また崑崙山の玉もやってきませんでした。今日は世間の風俗がくずれ、奢侈を競い、婦女子はできるだけ手のこんだ織物をつくり、工人はできるだけ巧みなものをつくり、自然の木に彫刻しては珍怪なものをたっとび、山の石を掘っては金銀を求め、深淵にもぐっては珠璣をさがし、わなをしつらえては犀や象をつかまえ、あみをはっては翡翠を

とらえ、蛮族の物産を求めてわが国の人たちをまどわし、邛・筰地方（四川省）の物資を東海地方に移動させ、万里も離れている地方の物資を交易させたりしていますが、長い時日をかけ、労力を費やすばかり、役には立たないものであります。［『塩鉄論　漢代の経済論争』平凡社東洋文庫 pp. 17-18］（原文は一部分のみ）

　昔は何でもかざることなく衣食の実用品を宝物としていて遠方の産物など無かったが、時代がすすむにつれ、今は苦労してあちこち物を移動し、万里のとおくから宝物を持ってくるけれども、何の役にも立たないものである、というのである。

g　毛皮交易の路

　先の戎王が烏氏倮から入手した絹をどうしたかとかんがえると、中国外で、後述するアルタイ山脈パジリク古墳群出土の絹などがおもいうかぶのであるが、アルタイ方面からの対貨としては、毛皮を候補にあげることができよう。

　毛皮交易の路は、近代ロシア人の東方進出の目的物として有名であるが、もとよりもっと古代からあった。しかし、遺物としては残存しにくい物であり、文献には織物ほどには記述がないようである。毛皮・皮革自体は、種類を問わなければ牧畜や近辺の狩猟によりいくらでも入手できるので、遠方から輸入するものは特殊な動物である。

　漢民族が毛皮を使用することは筆者のイメージには無かったが、『戦国策』などに高級毛皮が出てくるので、どういうものかとおもっていたところ、松田壽男［松田 1957；1968］の論考によりいくらか知ることができた。

　『戦国策』「趙策一」と「秦策一」によると、縦横家（戦国時代の遊説家・戦略家）蘇秦が趙のために秦へ乗りこむ時趙から支給された支度の中に、黒貂毛皮の衣があり、他に外来の宝物がならんでいる。

　　名月之珠、和氏之璧、黒貂之裘、黄金百鎰

　真珠・玉璧・黒貂毛皮衣・黄金、で、毛皮は自分で着ていたものらしく、任務失敗後の帰路ではやぶれている。黄金もつかい果たした。

黒貂之裘弊、黄金百斤尽
（くろてんのころもはやぶれ　おうごんひゃっきんはなくなる）

　蘇秦が故郷の家へかえっても家族に相手にされなかったという有名なシーンの前段である。実話かどうかはわからないが、当時の北方産高級毛皮の存在がわかるのである。ほかに有名な話では、"鶏鳴狗盗"の故事がある。この狗盗のほうは、斉の孟嘗君が秦へ乗りこんだ時の、狐白裘なる高級毛皮をめぐる逸話である［『史記』「孟嘗君列伝」］。

h 中国と黄金

　なお、世界中一般に宝物を代表する黄金（Au）であるが、中国では以前からあるとはいえ他地域にくらべるとすくなく、戦国時代になって急に文献上の言及も遺物もおおくなる。急に増加することについて、黄金自体の産地の問題と、これをおもんずる風習自体も外来かとかんがえる説もあるが、これは今のところよくわかっていない。物の価値や買収金額として百鎰・千金・萬金などとしるされている。これらが正確な数字かどうかはともかく、重量単位だとすれば、一金とは重量一斤とも一鎰（溢）ともいう。当時の斤は今の250グラム前後（おなじ単位でも時代によって重量がちがう）、鎰なら320グラムくらいである。出土遺物の分析からみると、黄金製品の金純度は一定しない。高品位のものには90パーセントをこえる製品もあるが、仮に80パーセントとすれば、一金はかるい方の斤説でも純金200グラム前後の価値となり、1グラム二千五百円ならば約五十万円というところである。千金なら五億円である。とはいえ、当時の感覚ではもっと価値があったであろう。

i 西方の記憶

　張騫以前の絹交易や麦農耕東伝など今後の考古学研究に待つ所がおおいとはいえ、まず確実なことであろう。そうすると、その中国と西北方のふるい関係は、何かの伝承に西北方のイメージをのこしているのではないかと推理できよう。昔から『山海経』『穆天子伝』『逸周書』『書経』といった書物があげられてきた。だいたいは戦国時代の伝承であるらしい。

『山海経』は、簡単にいえば、辺境怪異伝説集である。このなかに、"流沙"や"崑崙之丘"も出てくる。

『穆天子伝』は、数奇な運命の書物というべきもので、戦国時代魏（前300年ころ？）の古墳が西晋時代（後第三世紀末）に盗掘されたおり副葬の竹簡が出土して解読されたものと伝承する。一括出土二十種ちかくと称される文献を河南汲県の古墳なので学史上 汲 冢（塚＝古墳）書という。『穆天子伝』
　　　　　　　　　　　　きゅうちょう
（原題は不明でこれは仮名）は周穆王（実在の穆王は前第十世紀の人）が造父を御者とし名馬に引かせた馬車を駆って、各地の有力者と儀式や狩猟をしながら西方へ遠征し、崑崙丘などをたずね、瑤池で西王母に会う話である。途中沙中に渇して馬の頸から血を飲んだりする。牧畜や麦のことが出てくるし、馬を献じられている。中央アジアの風物を連想させるのはたしかである。似た話は『列子』「周穆王」他わずかにある。これまで翻訳はなかったが近刊の由[(1)]。

j　西王母とは

このヒロインである"西王母"本来の姿はよくわからないが、すくなくとも戦国期には西方にいる仙女か女神とかんがえられるようになっていて、だいたい弱水・沙漠・崑崙・玉山の地名どれかとセットになっていることがおおい。西王母は現代日本人には、孫悟空が盗って大騒動となる天界蟠桃の持主として知られるであろう。能にも「西王母」がある。

> 神としての西王母は、中国神話中の典型的な神々、たとえば鯀や禹、共
> 　　　　　　　　　　　　　　　　　　　　　　　　　　　　　　こん
> 工、黄帝や蚩尤などとは、さまざまな点で性格が異なり、彼女が、いつ
> 　こうてい　しゅうゆう
> の時代に、どのような文化環境の中で生まれ育ったのかについては、他
> の神々にましてその具体的な経過を知ることが困難である。—中略—卜
> 辞（殷代甲骨のこと—引用者注）の"西母"が果たして西王母につながる
> 神格であったかどうかについても、その神名に共通性はあるにしても、
> 殷代から戦国時期まで長い時代の中間の様相を押さえる資料がなく、確
> 実なことはいえないのである。ただ、西王母の事跡が、先秦両漢時代の

---

(1)　明治書院『中国古典小説選』に「山海経」とともに入るとのこと。

記録の中において、他の神々に較べて人間化・歴史化されることが少なかったという事実は、彼女が中国文化の中に位置を占めるようになった時期が、古く出現して、長い伝承の中で多分に歴史化されていた神々たちよりも遅かったであろうことを示唆する。西王母が中国の西方に住む少数民族と関係が深かったであろうことについては、呉晗の「西王母と西戎―西王母と崑崙山の一」の論文をはじめとして、多くの人々が指摘してきたところである。たしかに、元来の西王母は、中原の文化からすれば、いささか"異民族"的な性格を備えており、中国の周辺民族の間から、おそらくは東周時期に、中原地帯に新しく流れこんで来た神格を核として形成された神だと考えて大過はないであろう［小南 1991 pp. 70-71］。

西王母には、西アジアの大地母神と共通する要素もおおいのであるが、途中の文化伝播ルートについて十分な解明がおこなわれていないので、安易に結論をもとめることは危険がともなうであろう［小南 1991 pp.72］。

神話学は遠距離伝播をもっとも強調する分野であるようだが、小南のいうように慎重であるべきであろう。

『山海経』「大荒西経」の場合、西海の南、流沙のほとり崑崙之丘に西王母が住むという。『山海経』では他のところにも出てくるが、しかし、それほどの遠方とはみえない。西王母は張騫以後の漢人も興味を持っている。画象石や鏡紋によくあらわされている。一方、実際に西方へ往けば西王母に会えるのではないかとも期待していたらしい。

『史記』「大宛列伝」では安息人長老の話として、安息（アルシャク=ペルシア）の西、條枝（シリア辺であろう）に弱水なる川があり西王母が居るときくが見たことがない、という。

『漢書』「西域伝」は「大宛列伝」とほぼおなじ文章であるが、日の入る所は條支からさらに西へ水路百余日行く、と記述。

『後漢書』「西域伝」は、さらに海西大秦国の弱水・流沙のちかくが西王母の所在で、日の入る所にちかい、とする。

結局、漢人のより西方への到達、地理上の知識の拡大とともに、西王母も

日没地点も、さらに西へ西へと移動していることがわかる。どこまで遠征しても出あわない。司馬遷は、「大宛列伝」末で、実際にずっと西へ往ってみた後では、古書の奇怪な記事は信じがたい、と述べるがそのとおりである。

西王母を地名（国名）とするのは『爾雅』「釈地」（成立年代不明の辞書、漢代には存在）である。

近代にはまたさまざまな説ができて、穆王は周穆王でなく秦繆公（前第七世紀、穆王も繆公も周辺を討ったことがあるらしい）がモデルであるとか、穆天子と西王母が会った所は甘粛あるいは新疆であるとか、はてはヨーロッパまで達しただの、西王母はシバの女王である、馬車に乗る太陽神説話、いや玉の路や毛皮の路の記憶である、などの説も出た。何らかの西方へのあこがれ、西方の記憶の伝説なのではあろう。

『逸周書』「王会」では周初に周王のもとへ四方の異族が土産珍鳥獣を持参する。氐羌・巴人・蜀人などとならんで、東胡・禺氏・匈奴の名がある。禺氏は月氏のこととみる説があり、馬を献じている。匈奴は犬を献じている。だいたいの方角もわかるが、周初に東胡や匈奴の名は他文献からかんがえることはできない。

『書経』「禹貢」は中国の地理をしるすのであるが、西方に"流沙"とある。"崑崙"もでてくる。

これらの伝承にある、たとえば、流沙というほどの風景はやはり本来の中国文化圏には無いであろう。その辺のことを漢以前の人が知っていたか。やはり、いくらかの西方の情報はあったものであろうとはおもうものの、読んでみると、あまり具体性は無い。

このような古記録を単純に信じてはならないのは、以下のような事情があるからである。

中国古典やギリシア古典、どこでもおなじなのであるが、その内容をどの程度信ずるかというのはなかなか単純なことではない。

第一に、これら古典の原書がのこっているわけではないこと。まず本当に古代の文献であるかの真偽が問題であるが、真だとしても、今伝承している文献と、古代の原本・原材料は同一文なのかどうかを検討しなければならない。二千年以上伝承してきた今までにどれほどの変化（書きまちがい、書き

かえ、消失等）があったのか。たとえば、今の『史記』と司馬談・遷父子の書いた原稿ははたしておなじなのか、どこかちがうのか。司馬遷自筆の史記を見た人は現在誰もいない（ヘーロドトスでも何でもおなじことである）。特に現行中国古典が漢代以降に再編集され、さらに書写材が竹簡木牘から紙になる時に全部書きなおされたものであることは念頭においておく必要がある。

　第二は、過去の原文が確認できたとしても、書くという行為自体がいつでも事実を書くのかということ、書いてある内容と過去の事実が一致するのかというどの時代文献にもある基本的な問題である。

　第三には、今つたわる本が自称しているよりは後世の作品である、あるいは後世つくりなおした本である場合がある。つまり偽書・捏造で、これは歴史資料にならないのである。しかし、そのなかにふるい材料は無いのか、と検討してみる必要もある。偽書であっても古伝承を利用してつくったならその材料部分は歴史探求に役立つかもしれない。また当然ある時代に偽書を作成する事情や方法は歴史の一部分である。

　みじかく言えば、現文から原文へ、そして成書（今ある本の完成）とその本の材料と内容を分けてかんがえることである。

　歴史の学科を出た人は在学中"史料批判"をうるさく言われたのではないかとおもう。もちろんどんな学科でも実業でも資料を無批判に信じていては、実のある結論は出てこない。平成十八年春の世をにぎわせた偽メール事件は、資料のあつかい方を我々におしえてくれた。

k 中国におけるコーカソイド像

　筆者は匈奴白人説［内田 1952］を読んでからコーカソイド（白色人種）の分布の東限に興味を持っているのであるが、この説の重要な根拠のひとつは陝西茂陵霍去病墓の馬蹄に掛けられる匈奴貴人らしき石像がコーカソイド風であることである。しかし、匈奴がどういう人種にせよ、張騫以後にコーカソイド風の像が中国にあることは別に異とすることではない。張騫以前にそういう資料は無いのであろうか。

　張騫以前で明瞭なコーカソイド風の造形は図 8-1 である。貝殻製笄（髪に挿して冠を留めるもの）の一部らしく、高鼻深目、たれ目、ほそおもてで唇

がうすい顔があらわしてある。時代は西周晩期、前第八世紀以前、出土場所は周の宮殿とも解される遺跡である。たかさ 2.8 cm と 2.9 cm でちいさな遺物である。これを、周人の作ではなく、中央アジア方面からの進貢品とする説もある［尹盛平 1986］。帽子の上の十文字型は甲骨・金文で通常"巫"（祭祀担当官）と解される字である。マロリー達は、この形を西方でも宗教的マークであるとし、さらに巫の古代音を mag、myag にちかい音と推定し、古代ペルシアの maguš すなわち呪術者であり、ペルシアのマゴス（マグ、マゴイ僧）が西周宮殿へ来たものとする［Mallory & Mair 2000　p. 326］。おもしろい説であるが、さらに考証を要するであろう。図 8-2 は戟という武器上の装飾にみえる顔である。中央アジアは後世の印象よりも最初白色人種のほうがおおかったようであるから、そこと中国に何か関係のあったことはしめしているであろう。

　それでは匈奴の人種的特徴（人種とは人類の生物的分類のことであって、文化的分類でない）はどうかというと、勢力衰退後長城南へ入ってからの匈奴貴族に白人的な容貌の者がいることはたしかなようである。しかし、全盛期の匈奴がどうであるかというとそうではないらしい。ただ"胡"の字は外国を指すようになってから当初は北方の匈奴を意味したらしいのに、後ではむしろ西方のイラン語系白色人種を指すようになっていって、指す方向が変化したようである。容貌についても、"深目、高鼻""碧眼、紅毛""緑眼、朱髪""多鬚髯"等の特徴を"胡貌""胡状"と表現するようになる。熟語の例では、胡服の胡は北であり、胡桃・胡楽の胡は西で、時代上も前後がある。

　始皇帝陵兵馬俑の中に、容貌から西域出身者コーカソイドの存在を言う人もある。可能性はあるであろう。

　また、出土遺体そのものでも、東トルキスタン（新疆）では漢以前の白人住人の存在が多数確認されている［王編 1999］。日本でも展示して有名になった"楼蘭の美女"などである［1992 年『楼蘭王国と悠久の美女』展、2005 年『新シルクロード展　幻の都楼蘭から永遠の都西安へ』展］。楼蘭の美女は、楼蘭ちかくの鉄板河第 1 号墓の主で、年代は前 1800 年ころ。身長 152 cm 以上で、40 代前半、血液型 O 型、深目、高鼻、栗色波状毛である。ちかくの古墓溝遺跡と年代・人種もおなじで、前第二千年紀シベリアにひろがっていた

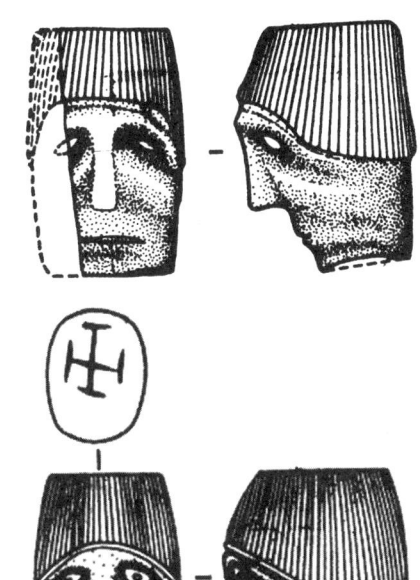

k 中国におけるコーカソイド像　33

図 8-1　コーカソイド？像
西周晩期　陝西扶風召陳西周宮室建築群遺址乙区出土　前第九・八世紀

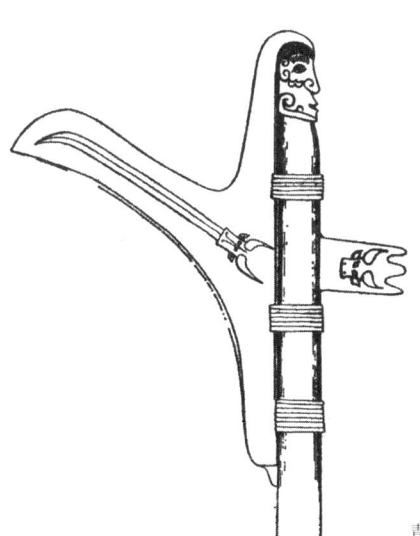

図 8-2　コーカソイド？像
青銅製戟身　高 25.5 cm　西周時代　甘粛霊台白草坡二号墓出土　前第十世紀

アファナシェヴォ文化やアンドロノヴォ文化人、現代人では東欧人に似るという [山口敏 1992；韓康信 1986]。東トルキスタンあるいは甘粛の一部まで、コーカソイド人がいて、言語はイラン語系、生業は西アジア型農耕牧畜であったらしい。中央アジアはいつの時代も黄・白人種分布の境界であった。

1 ヘーロドトスによる東方ルートの記録

　一方、西方から東方をみている現存最古のまとまった文献資料としては、ヘーロドトスによる記述がある。昔の研究からこれは言及されてきた。ヘーロドトスはギリシア人（生まれは現在のトルコ北岸）で、自分が子供のころに終了したペルシア戦争と呼ばれるハハーマニシュ（アカイメネス）朝ダーラヤワウ（ダレイオス）Ⅰ世とフシャヤールシャン（クセルクセス）Ⅰ世によるヘラス（ギリシア）侵攻（前499―479年）についてしるす中で、ギリシア側とペルシア側諸勢力さらには周辺の諸国諸勢力の歴史地理風俗軍事状況を記述した。マラソン競技に名をのこすマラトンの戦のあった戦争である。

　当時ペルシアは中央アジアからエジプトにかけての広域他民族国家であり、ギリシアも各都市国家がそれぞれの歴史と利害を有しており、両陣営とも複雑な地盤に成りたっている。周辺もさまざまである。ヘーロドトスはそのそれぞれの状況を順次説明してゆく。だいたい前第五世紀の諸民族誌といえよう。

　当時はまだ大地が平面とおもわれていたから、東方日の出の地は朝あつく夕さむく、西方日の入りの地は夕方あつい。大地の北半はエウロパ（ヨーロッパ）で、南半西はリビア（アフリカ）、南半東はアシア（ペルシア）であった。エウロパもアシアも東端のことは明瞭でない。知識の東端は今の北インドであるが、これは要するにハハーマニシュ朝の東辺である。ヘーロドトスに関して興味のある方は原本岩波文庫『歴史』（松平千秋訳）と藤縄謙三『歴史の父ヘロドトス』を参照されたい。

　ヘーロドトスはその記事のなかで、ギリシア侵攻以前にやはりペルシア人に侵攻されたスキュタイ人のことを述べながら、その東方、今でいう中央ユーラシアへの、ステップルート（草原路）にあたる話を書いている。当時ではこれはアジアではなく、エウロパの東北部の話になるが（以下、［ヘロドト

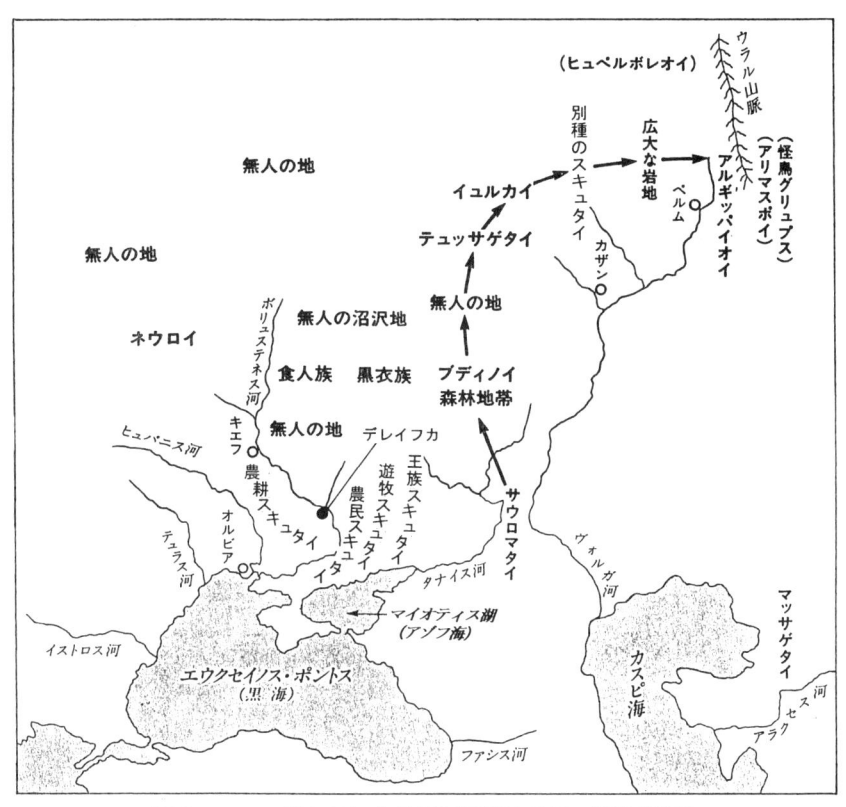

図9 ヘーロドトスによる草原路推定地図〈近距離案〉

ス『歴史』第IV巻　岩波文庫版による])。

　スキュタイ人勢力の本拠地は黒海北岸・アゾフ海北岸、今のウクライナあたりで、スキュティア(スキュタイ領)の東界はタナイス河(今のドン河)。これを東へわたってからを順番にしるすと以下のようになる。全体として極寒の地帯であるという [ヘロドトス IV-13〜35；108〜109；123]。

① サウロマタイ人の地。北へ十五日間の距離にわたる。樹木は無い。
② ブディノイ人の地。森林地帯で、湖と沼沢もある。人口おおく、碧眼紅毛の遊牧民。
③ 北へ七日間行程の無人の地。

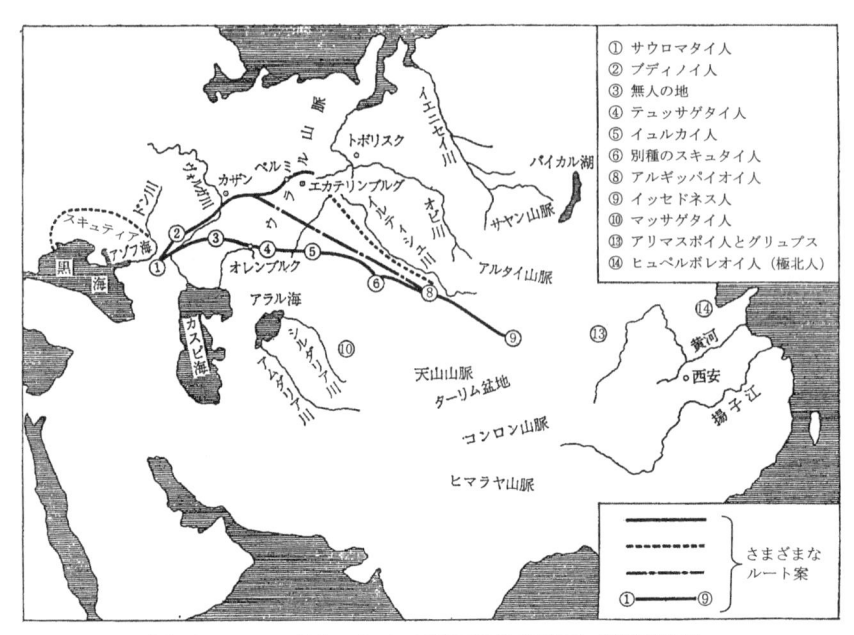

図10 ヘーロドトスによる草原路推定地図〈遠距離案〉

④やや東(ヘロドトス IV-123 では北)に転じて、テュッサゲタイ人の地。タナイス河の源流。人口おおく、狩猟民である。

⑤接してイュルカイ人。これも狩猟民で馬と犬をつかう。森林地帯。

⑥さらに東方に、別種のスキュタイ人。王族スキュタイ人に背反した分派。ここまでは平坦な土地である。

⑦岩だらけの荒地。

⑧アルギッパイオイ人。たかい山脈の麓。男女とも禿頭の聖なる平和民族。樹蔭に住み冬は白色のフェルトを掛ける。ここまではスキュタイ人・ギリシア人も来たことがある。スキュタイ人はここまでで七重の通訳をつかう。

⑨アルギッパイオイ人の東方はイッセドネス人。

⑩イッセドネス人と河をはさんで、マッサゲタイ人[ヘロドトス I-201; 204]。カスピ海東方(今のカザフスタン西部)で、スキュタイ人と同族とする。

⑪この先は不確実な話であるとヘーロドトスはことわっている。険峻なたかい山脈中に山羊足人。
⑫山脈を越えると一年のうち半年間睡眠する別の民族。
⑬隻眼のアリマスポイ人と黄金を守護する怪鳥グリュプス群。
⑭ヒュペルボレオイ人（極北人）。ギリシアのデロス神殿まで供物をとどけて来ることがある。
⑮海

　方向や森林・山地・日数が記述してあるので場所が比定できそうであるものの、①のサウロマタイ以外はむつかしい。⑪の山羊足人を早くに白鳥庫吉は『山海経』「海内経」の釘霊之国馬蹄人に当たるとしてスキーを使用することとした。⑨のイッセドネス人はロプノールあたりで、漢文文献にいう崑崙・禺氏・渠捜がそれであり、⑬のアリマスポイ人は陰山北方から甘粛にあたり匈奴の祖である、と［白鳥 1925 pp.60-61］。

　最終的には⑮の海へ到達することになるが、要点をいえば、⑧・⑪～⑬の険峻な山脈がどこであるかが鍵である。これまでの説をおおきく分けると、この山脈をウラル山脈辺にする説とアルタイ山脈にする説がある［図9；図10］。⑮の海は、後半を北へ向ける説では北極へ行き、東へ向く説では、渤海かバイカル湖である。しかし、具体的な海ではなく大地をめぐるオケアノスの海、とヘーロドトスはおもっているようであるが［ヘロドトス III-115］。

　⑧のアルギッパイオイ人がモンゴロイド風であり、アルタイ地方が黄金産地でグリフィン（グリュプス）デザインの遺物がおおいことをおもうと、この山脈はアルタイ山脈辺のことではないかということになる。スキュティアからはずいぶんとおい。

　別の部分で［ヘロドトス IV-102］、ペルシア軍が侵攻してきた時、スキュタイ周辺の諸民族があつまってむかえ討とうと軍議をもつシーンにもでてくる民族名に、②ブディノイ人・①サウロマタイ人もあり、実際、ペルシア軍はスキュティア、サウロマタイ人の地、ブディノイ人の地、③無人の地、と侵攻している［ヘロドトス IV-123］。すると無人の地まで、スキュティアからそうとおくないはずであろうとの理由からわりとちかくへもってくる説もある。アルタイ山脈のパジリク古墳群発掘後は、パジリク古墳の主をヘーロ

ドトスのいう⑥別種のスキュタイ人にあてたり、この前の時代に東方からスキュタイ人を追い［ヘロドトス IV-11］ペルシア王キュロスを討った［ヘロドトス I -214］マッサゲタイ人をスキュタイ人あるいは月氏人と同系とする説もあって、定説は無いのであるが、このころすでにパジリク古墳群などに出土するように中国産絹も西へ出ていたことをおもうと、ヘーロドトスのこの話すべてが想像であるとは言えないのであろう。

第Ⅲ章　ラピスラズリの路―遠距離交渉の確認―

a　くりかえされる交易―原料獲得の路

　シルクロードという名は絹を交易品代表として命名したものであり、また、絹馬交易・玉(ぎょく)ロードなどの名称もあり、宝貝・ラピスラズリ・ガラス・琥珀・毛皮なども遠距離交易のテーマとしてかたられることがおおいが、これらは生活上いわゆる贅沢品・奢侈品である。そのなかには産地を限定できるものがある。動植物・鉱物には原産地を特定できるものがあり、人工物には製作技術やデザインから生産地を決定できるものがある。ある地域に産しないものがそこにあれば、他地域から持ちこんだものにちがいなく、交易、すくなくとも何か関係のあった証拠である。

　かんがえてみれば、生物はもともと食料の確保できる地に棲息するもので、いわば自給自足で、これは人類も生物である以上おなじである。ただ、人類はある時から、実用品以外の奢侈品、あるいは実用品でもより良い物を、始めは少量であったかもしれないが段々多量に必要とするようになり、また生活技術の進歩によりそれまで知らなかった実用品を必要とする新時代になることもある。金属や石油はその代表である。その類のものはそれまで生きてきた生活圏にあるとはかぎらないし、さらに地球上の資源存在は均一ではなく偏在しているのだから、これを他地域・遠方から入手する必要にせまられるのである。

　実用品でふるくから到来品であったものは石器材料の石である。石などどこにでもあるようにおもうが、メソポタミア下流のような巨大な沖積地には無い。それに、石器はどの石でもおなじようにできるわけではなく、石器としてのよい石・わるい石がある。たとえば新石器時代の西アジアでは、現在のトルコ中・東部産の黒曜石がひろくイスラエルやイラク南部にまで分布している。とおい所は産地から、1000kmちかくはある［ローフ　1994　pp.34-35］。交易の実態は不明である。黒曜石は天然の火山ガラスで、非常に鋭利

な刃をつくることができる。化学成分によって産地を同定できることがある。
　石器のひろがりが何故なのかはわかる。形によって機能がちがう。あの形につくればこういう場合に便利なのだ、あの形にするにはこうしてつくるのだ、とおもうだろう。それにはあの石質がよいのだ、ともおもうであろう。石器製作方法や石材はひろがっていく。
　土器の紋様のひろがりは何故であろうか。形や質は機能・つかい勝手と関係があるが、紋様まで他の村とおなじにするのは何故か。単に気に入ったデザインだから流行して行くというのか。土器はこの紋様、と決まっているのか（製作者が村々を巡回して行くとか、婚姻で入り込むとか、の説明がある）。我々はこのデザイン、という他族と区別する集団意識のようなものがあるのか。つまり、流行の範囲のことであるが、これがどう決まるのかは不思議である。

b "遠方"という意識―他世界との交流

　東西交渉とかシルクロードという言いかたは、文明圏・生活圏・政治圏などを超える他地域・他世界との交流・交渉ということが第一義なので、単に遠距離ということが問題なのではない。結果として遠距離交易などと言い換えることができるだけである。しかし、人は遠古からそんなに遠方と関係をもつものであろうか、ということは当然基本的な疑問としてある。もとより人類はアフリカに発生しそこから世界各地への拡散と推定されており、現生人類もその系統にはまだ諸説あるようであるが、どの説に立っても遠距離のグレートジャーニーを成し遂げたにはちがいない。しかしこれは無意識の結果としての遠距離である。本書で問題にするのは、人類の拡散よりはずっと後の時代であり、"遠方"という意識がともなっている時代である。そこでまず、遠方・遠距離自体ということはやはり重要な要素であるのでそれをかんがえてみよう。"距離"は人間活動の上で、歴史の上で意味のあることである。
　筆者はメソポタミア―イラクで調査していたことがある。調査というものも途中何でも順調にすすむわけではなくいろいろなことが起こるが、何かあれば、首都へ行って中央官庁に直接交渉して解決することもできた。その後、

ソ連末期のアルタイ山脈の調査に参加したことがあるが、とてもイラクでのように中央官庁へ交渉というわけには行かないと痛感した。距離がちがえば、行動は変わる。昔は、自動車も飛行機も無いのだからなおさらである。

　実感したことをついでにもうひとつ言うと、人口のことがある。故郷の村でかんがえて、全成員の顔をおぼろげにでも知るか知らないかが、制度というものを決める要素のひとつではないかと感じた。ひとつの生活圏で数千人—仮に五千人（昔から五千人とか二千人を切れめとする説はある）としておくが、これが境目で、歴史上"都市誕生"と呼ぶものは、人口が多数になって（外来者増加をふくむ）

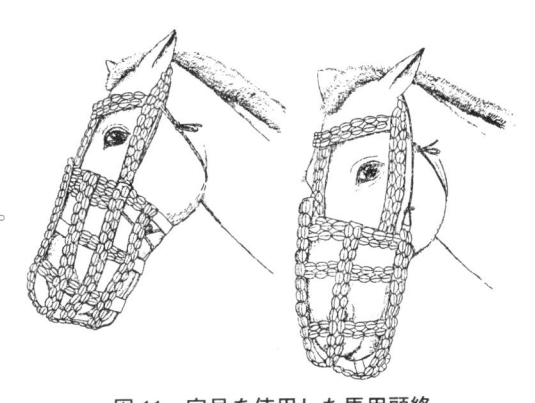

図11　宝貝を使用した馬用頭絡
西周時代　陝西張家坡第一号車馬坑出土　前第十一世紀頃

図12　宝貝を嵌めた人頭骨
イスラエル、テル=アル=スルタン（イエリコ）出土
前第七千年紀

見知らぬ人が多数居る、ということから自然発生的秩序とは別の新"制度"ができたことだとおもうのである。"都市化"の条件に人口のことが入るのは当然である。

c 宝貝の路

　最古の遠距離到来奢侈品代表は宝貝（子安貝）であろう。

図 13　宝貝を下賜する金文
殷代末　殷墟出土　前第十一世紀
右一行目において、丙午の日、王が貝廿（二十）朋を下賜したことが記録される。上から七字めが貝、八字めが廿と朋を合わせた字である。朋は貝を糸でつらねた象形字である。

　宝貝はいくつかの種類があるがいずれもインド洋〜東南アジア〜四国九州以南で採れる海貝である。ところがこの南海産の貝殻が石器時代から大陸の真中でも出土する。宝貝を石や金属で模した製品や貝を貯蔵する専用器も出土する。うつくしさと共に、神秘的な力があるとしていたらしく、魔よけ・安産・多産の護符、贈答品、また、遺体の眼に嵌めこんだり、手ににぎらせる、口にふくませる、などの多様な利用法（図11；図12）がある。石器時代から現代までながく、ひろく移動している物質である。

　ラピスラズリもそうであるが、現代の我々はこのような宝貝等を単なる王侯の贅沢品と解釈しがちであるが、当時は、いわば社会的宝物であったので、王侯個人の贅沢・宝物のみではなかったようである。漢字の貝字は宝貝の象形字である。これが貨・貯・財・寶など現在の意味では経済関係の文字にのこっているのは今いう通貨であったからではなくて、文字以前からもっと別な役割をになっていた名残である。たとえば、中国殷周金文（儀式用青銅容器に、王による貴族の任命・表彰等を記録したもの）には、さまざまな宝物―宝貝・馬・馬車・玉・銅地金・衣服・弓矢、そのおおくは外来の珍宝である

一を重要な儀式において下賜することが記録してある。これは、公的な制度上必要なことなのであった（図13）。

d 金属器時代への変化

金属器時代になると、先に述べたように、金属は生物としてもともと何らかかわりのあった物質ではない新物質であり、さらに実用品でもあるので、金属は細々としたルートによる入手のみでは足らず、大量かつ継続的に原料を確保する必要が生じてくる。金属の入手は社会や経済の仕組をおおきく変えることになる。

最近の学界では、初期金属器時代の変化としてメソポタミアのウルクや黄河流域の鄭州二里崗が大勢力化することをとりあげて、ウルクエキスパンション・二里崗インパクトなどと呼ばれる用語がつくられて議論されている。これは金属器時代に入った初期に勢力を持ち、大規模な資源探索部隊を遠征させた状況を代表する都市である。これらの都市こそが、金属のみならずラピスラズリや玉をもとめて遠距離交易を促進したのである。

e ラピスラズリとは

ラピスラズリはダークブルーの地に金色の粉がまじって夜空の星のようにみえる貴石である。ヨーロッパでは十二月の誕生石の由であり、最近は日本でもこの名であつかわれているし、またよく売っているから、ご存知であろう。ラピス=ラズリと呼ぶのはラテン語ラピス（石）にペルシア語ラズリ（ブルーの石）を足したものであるという（他の語源説もある）。現代漢語では青金石・金星石・金精石という。古漢語瑠璃（琉璃）は本来ラピスラズリを指したようであるが、ガラスを指すこともある。仏教語"七宝"の一。瑠璃色ということからすればガラスの場合青系のガラスだけであろうか。『藝文類聚』巻84宝玉部、"流沙之絶険を済たり、葱嶺之峻危を越え"云々と始まる晋の潘尼「瑠璃碗賦」はガラスのほうであろう。似た字で波理（玻璃、玻瓈）は水晶かガラスである。

群青（ウルトラマリン）は単に色名でなく、本来このラピスラズリを粉末にした顔料・薬品の名称である。高松塚古墳壁画にも使用してあるとの報道

44　第Ⅲ章　ラピスラズリの路

図14　ラピスラズリ製柄の黄金短剣
イラク、ウル王墓出土　全長37.4 cm　前第二十六世紀頃〔イラク国立博物館蔵〕

があった。薬としては、内用・外用ともおこなわれる。神秘的な力がある石としていたところもある。ラピスラズリは濃青～淡青また緑がかったものもある。トルコ石とともに、青系統の色は黄金色に映えるので金製品に配するものとしても愛好したのであろう。成分と構造については異説がおおいので紹介は省略するが、金粉にみえる部分は黄鉄鉱で、アフガニスターン産の特徴だそうである。石灰岩・大理石母岩中に見いだされる。

　ラピスラズリの古代における産地は、現在のアフガニスターン東北部ヒンドゥークシュ山脈北側バダフシャーン地方、ファイザーバード市南方コクチャ河（アム河の支流）ケラノムンジャン渓谷のサルイサング谷周辺に限定でき、現在も採掘している。おおまかな地図では、クンドゥズ東方である（図16-1）。

　海抜1800 mから5100 mのけわしい山中で、火を焚いて岩を熱し、冷水をかけて割目をつくり、これをたたいて剥がし、ラピスラズリをさがす。この一帯ではルビーも知られている。バダフシャーンのラピスラズリとルビーについては、マルコポーロも書いている。有名な暗殺者教団・山の老人のあとの部分である。後述するように古代において既にここからとおく地中海方面まで到達した。現代では他にも何箇所か産地がわかっていて、ユーラシア大陸では、バイカル湖近辺・パミー

図15 ラピスラズリ製髪頸飾
イラク、ウル王墓出土　金・銀・ラピスラズリ・紅玉髄製　前第二十六世紀頃〔大英博物館蔵〕

ル山中(タジキスターン領内でバダフシャーンにちかく、海抜4570mのところ)・東トルキスタンのホータン(和田/于闐、すくなくとも宋代には産したらしい)・パキスターンのバロチスターンである［Herrmann 1968；Payne 1968；榎 1977］。

　ラピスラズリを使用したもっとも有名な遺物は、エジプトのトゥトアンクアメン(ツタンカーメン)王黄金マスク、メソポタミアのウル王墓出土黄金短剣柄(図14)・女官髪飾(図15)などであろう。この材料は遠方からきたものなので、ラピスラズリは遠距離交易の証拠として早くから議論されてき

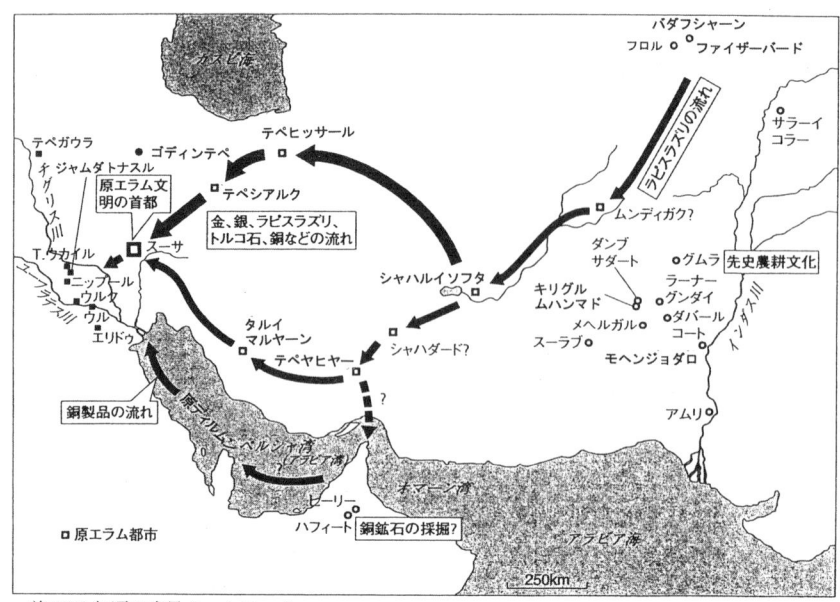

46　第III章　ラピスラズリの路

前3000年頃の交易ネットワーク

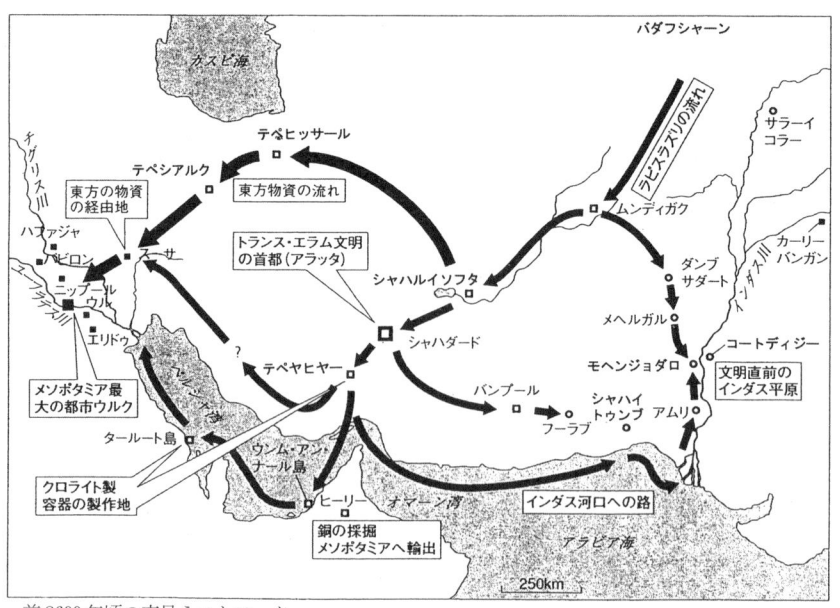

前2600年頃の交易ネットワーク

図 16-1　ラピスラズリの路

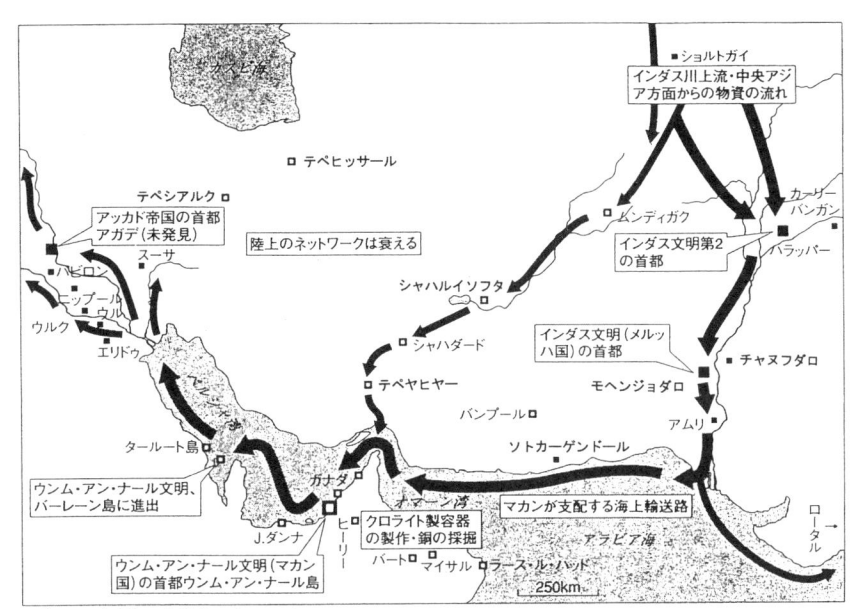

e ラピスラズリとは　47

前2300年頃の交易ネットワーク

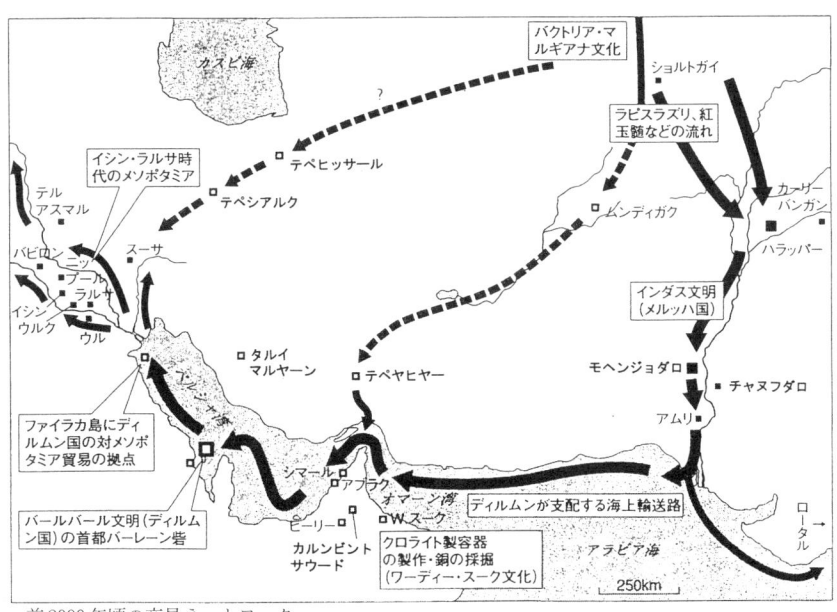

前2000年頃の交易ネットワーク

図 16-2　ラピスラズリの路

た。メソポタミアへの出現は新石器時代末期の前第四千年紀初頭、エジプトへは前第四千年紀中葉とかんがえられている［高宮 2001］。日本にある遺物で有名なものは、正倉院のベルト装飾（紺玉帯）である。

f ラピスラズリの路

ラピスラズリの他に紅玉髄（カーネリアン）・トルコ石・容器をつくる凍石（クロライト）などの石も西アジア一帯を運ばれたものであることが最近わかっている［大津・後藤 1999；後藤 2000］。またこれらは、エジプトからインダスにかけて出土するので、いわゆる古代四大文明のうちインダス・メソポタミア・エジプトはつながりのあることがわかるのである、農牧文化複合がおなじ西アジア型であることとともに。

さらに、最近注意されていることは、メソポタミアにおける青銅器の材料としての錫産地はどこかということであり、錫もアフガニスターン方面から輸入したものであるらしい［小口 2001］。地球上、鉄産地ほどではないが銅産地がおおいのにくらべて、錫産地はすくないのであるからこの入手はおおきな意味を持った。

そしてアフガニスターンからエジプトへの間にたしかにラピスラズリをはこんだ中継地であったことをしめす遺跡の存在がわかってきた（図16）。アフガニスターンまで往かなくとも、イランからメソポタミアへ入ったものはトルコ石などたくさんある。

ラピスラズリの路については、関係報告書も見がたい本がおお

図17　黄金容器上の有鬚牡牛
アフガニスターン、フロル出土　前第三千年紀後半

いが、要点は『ラピスラズリの路』[堀・石田 1986]・『古代オリエント商人の世界』[クレンゲル 1983] にまとめてある。

バダフシャーン西南部バグラン市東南方フロルの古墳で 1966 年、メソポタミアシュメル風金銀容器と多数のラピスラズリ片が出土した [Tosi & Wardak 1972]。金器はすくなくとも五点 940 グラム分、銀器はすくなくとも七点 1922 グラムで、金器のひとつには、ウル王墓出土品にみられるようなシュメル風の鬚(あごひげ)のある牡牛が表現

図 18　ラピスラズリ製鬚の有鬚牡牛
イラク、ウル王墓出土　前第二十六世紀頃
〔ペンシルヴァニア大学博物館蔵〕

してある (図 17；図 18)。ウル王墓の年代は前第三千年紀中頃であるが、それよりあたらしいデザインもあり、発掘者は年代を前 2600～1700 年の間のどこかとしている。この墓主はラピスラズリ交易関係者で、直接か間接にかメソポタミアと関係を持っていたのであろう。

アフガニスターンのイラン国境ちかくのムンディガク、イラン国内では、シャハルイソフタ・シャハダード・テペヤヒヤー・テペヒッサール・ゴディンテペなどで、前第四千年紀からのラピスラズリ交易をしめす資料がみつかっている。

シャハルイソフタ (シャフレソフタ) では、土器とラピスラズリ・紅玉

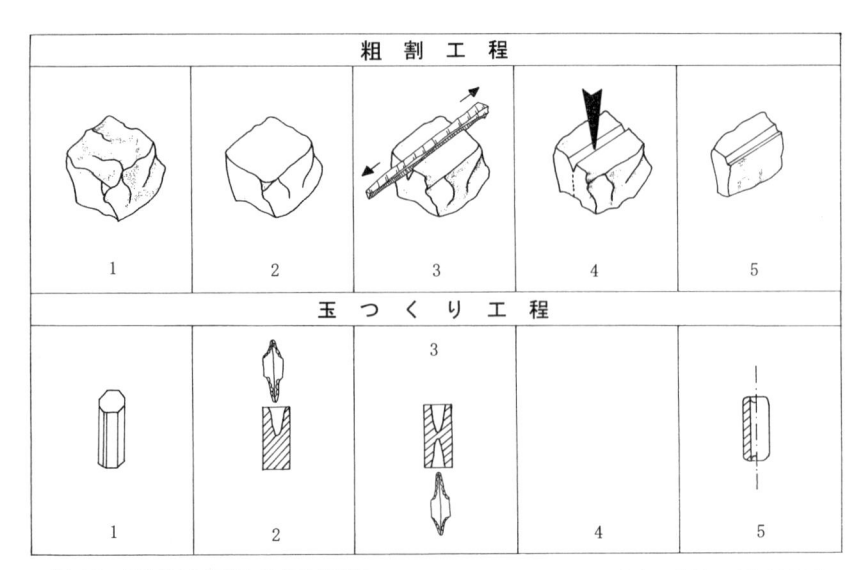

図19 ラピスラズリの加工工程 イラン、シャハルイソフタ出土　前第三千年紀中頃

粗割工程：1基本の塊に割る、2平滑に整形、3石鋸で溝をつくる、4溝で打割、5ビーズ用原材
攻玉（玉つくり）工程：1原形、2石ドリルで穿孔、3反対側からも穿孔、4研磨（図省略）、5ビーズ完成

髄・トルコ石の工場がみつかり、原石・半加工品・加工道具があった［Tosi 1968；Lamberg-Karlovsky & Tosi 1973］。原石をだんだんこまかく割って行って、おおまかな形をつくり、孔あけや研磨をおこなう。工具の石器にはラピスラズリの粉が付着して出土したものがある（図19）。工場跡がおおきいのは、組織化されていたのであろうという［Ohshiro 1999　p.9］。

シャハダードは後述のアラッタかとされる遺跡で、メソポタミア風の建築のある、ウルクに匹敵する大都市である［堀・石田　1986　p.23］。

テペヤヒヤーは、前第五千年紀以来の集落で、特に前第四千年紀中頃から、凍石の加工と輸出の中心で、それはメソポタミアでも出土し、また南メソポタミア風の土器もここから出土する。ホルムズ海峡へのルートの分岐点でもあるらしい［Lamberg-Karlovsky 1971；1972, Lamberg-Karlovsky & Tosi 1973］。

テペヒッサールは、前第三千年紀前半からラピスラズリ・トルコ石・金銀がおおく使用され、銅冶金・石器・攻玉（玉つくり）の小工場跡がおおい。

イラン北道の中心である［Bulgarelli 1974］。

　ゴディンテペではウルク期シューシャー（スーサ）タイプの土器が出土する地区がありその周囲からは現地式の土器が出土し、スーサ商人の根拠地であろうという［Weiss & Young 1975］。

　メソポタミアでのラピスラズリ製出土品は、北が早い。ウバイド期末・ウルク期の前第四千年紀前半までにテペガウラⅩⅢ～Ⅹ層、同時期のニネヴェなどモースル周辺で、ビーズ・ペンダント・スタンプ印章が出土する。他にもトルコ石などイラン方面からの物が出土する。南メソポタミアは、ジャムダトナスル期前第四千年紀後半以降である。したがって、イラン北道を経て北メソポタミアへ入るルートがふるい。やがて南道を経るほうがおおくなると、北ルートではすくなくなる。この初期の遠距離交易システムの中枢にいた者こそジャムダトナスル期のシュメル人であったと想定されている［小野山 1999 p. 31］。ジャムダトナスル文化の遺物はひろくルーマニアやインダスにまで達している［小野山 1999 図4］。

g 楔形文字資料にみるラピスラズリ交易

　シュメル語楔形文字資料には、ラピスラズリ入手についての説話がある［*The Electronic Text Corpus of Sumerian Literature*: c.1.8.2.3 ; c.1.8.2.2］。

　「（ウルク王）エンメルカルとアラッタの王」では、エンメルカル王治下のウルクで、それまで山の方からとどいていたラピスラズリ・金・銀・銅・錫・紅玉髄が入らなくなったので、東方アラッタなる所へ取りに遠征する。アラッタはラピスラズリを産するが穀物のできない所である。穀物とラピスラズリ交換を要求する使者が山々を越えて往くがアラッタはこれを拒否。しかしアラッタの飢饉がひどくなり、ついには交換することになり、アラッタからラピスラズリ・建築材・細工職人がウルクへとどく。

　アラッタが産地であるのか中継地であるのかで、どこの遺跡に当てるかがちがってくるが、ザグロス山脈を越えた東方であることにかわりはない（図16）。

　「ルガルバンダ叙事詩」は、やはりウルク王のルガルバンダ（エンメルカルの子）が山越えの困難な道をアラッタへ軍を派遣してラピスラズリ・金・銀

と職人を取ってくる話である。

　これらによると、ラピスラズリの対貨は穀物である。"神殿建築に必要なラピスラズリ"とあり、国づくりに必要な物資であって、先にみた殷周王からの下賜品の場合のように、このアフガニスターンからの石は歴史に影響を持った。

　この説話がしめしていることは、このような遠方の産物がたまたま細々到来していたのではなく、それを意識的に多量にもとめていたことである。明確に意思をもって遠方からもとめる時代がきている。意識的に、多量に、は制度・システムを要する。メソポタミアは食料以外のものはとぼしく、石器用石材さえ輸入していた所なので、貴石や金属が多量に必要になった時代に適応しやすかったであろう。ラピスラズリ輸入の入手状況が国内・国際間の力関係を決める要素のひとつになっている。外交の贈答品でもある。

　イラン高原を経由していた中央アジアとメソポタミア間の交易は、北道から南道へ、そして前第三千年紀海上交通に主力がうつってくる。アッカド時代（前第二十四世紀〜）になると、メソポタミアとインダス河口は直接海上交通でむすばれたらしい。ラピスラズリも海路運ばれることがおおくなった。紅海〜ペルシア湾岸〜アラビア海はつながっていた（図16）。

　エジプトでのラピスラズリはメソポタミアよりもおそく出現する。王朝期の前で、前第四千年紀中期である［高宮 2001］。金製品をともなうことがおおい。

　メソポタミアでラピスラズリがすくない時期（前第二十八世紀ころ）はエジプトでもすくないようで、ラピスラズリがメソポタミア経由であったことをしめすであろう。先のエンメルカルやルガルバンダの説話にあるラピスラズリが入らない状況、とはこの時期のことであろうか。いわゆるウル王墓からは大量のラピスラズリや黄金製品が出たが、この減った時からの回復時代である。亀甲獣骨を使用する中国殷後期の占卜に亀甲の無い時期があり、王朝支配力弱体化にともなって南方からの亀甲の貢納が絶えたものと解されている［松丸他編 2003　p.127］ことを想起させる。遠方から到来する物には国家の重要な品があった。

　宝貝がもっとふるい時代から細々と運ばれていたような感じがするのに対

して、ラピスラズリはある時期から大量に（つまりシステム的に）運ばれたものであろう。

　ここまで考えると、人類初の古代帝国の統一範囲ハハーマニシュ（アカイメネス）朝のあの広大な版図、さらにそれを征服したアレクサンドロスの版図は結局このラピスラズリの交易路とかさなるのである。遠古以来の交易範囲だったから何らかの情報があって様子がわかり征服できたものか。元々は別々の小世界をラピスラズリ等が運ばれいつしかひとつになった。前人未踏の地を統一したのではない。ダーラヤワウ（ダレイオス）Ⅰ世（前522－486年）のシューシャー（スーサ）王宮造営碑文には、各地からいろいろな資材を徴収することを記述する中に、ソグディアナからラピスラズリと紅玉髄を運ぶ、とある［Olmstead 1948　p.168］。バダフシャーンはソグディアナの縁辺である。このルートは西トルキスタンへもつながっている。今はイスラーム圏の中心地帯である。

　琥珀・翡翠（硬玉）・トルコ石・クロライト・象牙・なども同様な手がかりになるものである。

h 中国の"玉"

　西のラピスラズリに似た東の特殊な石材は玉（軟玉）で、中国の貴石である。漢字玉の使用例が帝王のもの・尊重すべきもの・うつくしいものに冠するようになっていること（玉璽・玉音・玉座・玉案等）からみても古代宝物の筆頭であり、他の地域とちがって黄金より玉のほうが宝物であったのは中国文化の特徴のひとつと言えるものである。形と名称は多様であり（図20）、今も使用する熟語"完璧"は有孔円盤状の玉製宝物璧をめぐる戦国の故事に由来する。

　後代では硬玉に対して軟玉という書き分けもするけれども、軟玉といっても非常に硬度があり、その加工は"切磋琢磨"のように努力を意味する言いまわしになっているほどである。

　神秘的な力があり、なかでも死体を保持するというので、死者に玉衣を着せたり、玉を手ににぎらせたり、口に入れる。幸福を得、悪を払い、生命力を発揮するので、下賜・贈答・求愛等にももちいる。飲むと仙人になれる。

図 20　玉製品と出土状況
左上：璧　直径31.0 cm、左下：馬像　高5.7 cm、　右：璧出土状況（乙第52号墓）
いずれも山東曲阜魯国故城乙組墓出土戦国後期　前第三世紀
玉製品の形状や色調は多様であるが、その中でも璧はまさに中国古典成立期を代表する種類である。

半透明で、悪びかりせずあたたかみのある感じを好しとするので、君子の徳にたとえられる。うるおいがあってあたたかい感じが仁、外から中の節理が見えるのが義、外力にたわまないで折れるのが勇、などという［『説文解字』玉部］。

　新石器時代から使用し、前6000年ころから無数といえるほどの出土品がある。ただ、ラピスラズリとちがって産地は何箇所もあり、また類似の別種の石も玉として使用するが、有名な産地はターリム盆地南部ホータン（和田・于闐）で、これが先秦時代からの伝説的な崑崙之璆琳［『爾雅』］・昆山之玉［『史記』「李斯列伝」；『呂氏春秋』「重己」他］・禺氏之玉［『管子』「揆度」］

であるらしい。明確に和田産と発表されている先秦遺跡出土物はまだおおくない。殷墟婦好墓（前1200年ころ）［中国社会科学院考古研究所　1980　p.114］、中山王嚳墓（前第四世紀末）［稲畑・西江　1998　p.114］、等である。

今、崑崙山脈という名があるのは、張騫の後、漢人が往ったら玉産地があったので、古伝説にもとづいて命名したのである［『史記』「大宛列伝」］。玉門関・玉門県の名も伝説の玉ロード上にあるからであろう。

後世のファイアンスやガラス・釉薬が、西アジアは青がめだち、中国ではにごった感じのガラスや釉薬がめだつのは、ラピスラズリと玉に似せたからであろうかともいわれる。

ラピスラズリの範囲が大統一されたような感じを受けるように、玉の範囲が漢の範囲ともみえる。

i 遠距離交易品を多数出土したパジリク古墳群

古代でも現代でも交通不便そうな所ながら遠方諸地域の産物を多数出土する遺跡として、パジリク古墳群を紹介しておこう［Gryaznov 1950；Rudenko 1970；ルデンコ　1971；藤川編　1999；初期王権研究委員会編　2003］。

パジリク古墳群はアルタイ山脈のボリショイウラガン河谷（オビ河上流）、現在のロシア連邦アルタイ共和国（旧山地アルタイ共和国）内にある。モンゴルの西、新疆の北、である。海抜は約1700mに位置する。

発掘調査は、1929年と1947～1949年、ソ連考古学者が実施し、凍結古墳であったので考古学史上有名な遺跡となった。近辺では他にも凍結古墳が発掘されている。1990年からは日本等も協力してさらに500mほど高地であるウコック高原でも関連調査を実施している。

古墳数は大型墳五基、小型墳九基、これが谷筋に沿って南北に分布している。発掘した分は大型墳五基、小型墳三基の計八基である。小型墳のほうはくわしい発表が無い。

年代はまだ諸説があるがだいたい、前第五―四世紀、いわゆるスキュタイ時代に相当するとしてよい。一部は前第三世紀に入るであろう。ともかく張騫以前である。

古墳構造は石積の円墳で、中央地下に平面方形の墓壙があり、その中に丸

太組の二重壁二重天井の木槨（遺体を容れる箱を棺といい、その外側の箱を槨という）をつくり、その木槨中に木棺と副葬品をおさめる。槨の外北側に馬、槨の上（墓壙内）に馬その他を副葬する。最大の第1号墳を例にあげると、発掘時現状墳丘直径47m、高度2.2m、墓壙7.2m×7.2m、ふかさ原地表下4mである。本来はもうすこし墳丘直径がちいさくて（直径34m）、高度があったらしい（約4m）。

　凍結は、冬季厳寒である気候と古墳の構造の結果、冬の凍結が融けずに連続してきたものである。永久凍土なのではない。凍結により、土器や金属製品以外の、普通の遺跡では消失しているような遺体（第2号墳では文身のあることが判明）・木製品・皮革製品・フェルト製品・織物までよく残存していた。ただ盗掘には遭っているが、有機物はだいたい盗掘者には価値が無いものであるからよくのこった。文身はまったく凍結のおかげで判明したものである。

　古墳主としては、東西の古代文献にみえる月氏、丁零（丁霊）、マッサゲタイ、サカ、スキュタイ（ヘーロドトスのいう別種のスキュタイ）人などの騎馬遊牧民が候補にあがっている。馬具等のデザインはグリフィンをふくむいわゆるスキュタイ風動物紋であり、ヘーロドトスがつたえるような大麻の種子と炉も出土しており、遺体の処理法や君長と側妾を一緒に埋葬することなど、全体としてウクライナのスキュタイ文化をおもわせる。遠方とも交易している、大部族連合の代々の君長で、王朝とも呼び得るものかもしれないと言われている。第5号墳出土、騎士と女神像？　のあるフェルト毛氈（6.5m×4.5m）は王権神授のシーンかという説もある。

　アルタイ山中のパジリク類似の古墳としては、シベ・カタンダ・バシャダール・トゥエクタ・ヴェルフカルジン・アクアラハ等の古墳群が知られ、かなりの数が発掘されていて凍結墳もあり、なかには日本で展示されたものもあるが、全部の古墳が凍結しているわけではない。全体として、大型墳でも、墳丘は平地の巨大古墳と比較すればちいさいが、墓壙はおおきく、副葬品は豊富である。

j パジリク古墳群出土の外来品

・中国産絹織物：第5号墳出土の鞍覆(くら おおい)で、聖樹の枝にたわむれる鳳凰紋の刺繍がある。発掘者は『詩経』「大雅　巻阿」の"鳳凰鳴けり　彼の高岡に、梧桐生ぜり　彼の朝陽に"を引く（図21）。戦国時代のものであろう。

・中国産絹織物：第3号墳出土の錦［Rudenko 1970　pl. 134 A］。

・中国産絹織物：第3号墳出土袋物［Rudenko 1970　pl. 134 B］。

・中国産青銅鏡：第6号墳出土。山字紋鏡と呼ばれるタイプ。直径11.5 cm。前第三世紀［宮本 1990］（図22）。

・ペルシア製絨毯：第5号墳出土。羊毛製パイル織で1.89 m×2.00 m（図23-1）。中央に花と葉を十字形にして方形でかこんだ単位を二十四点置き、その外側に方形でかこんだ有翼グリフィンの列、その外側に鹿の列、さらに十字形の花と葉（図23-2中）、そして馬上の騎士（図23-2下）と馬を引く徒歩人の列、最外側紋様帯はまたグリフィンの列である。馬は、頸が屈撓しているかのような姿勢の不去勢雄馬である。鬣は切りそろえ前髪をむすんで立てて、尾をむすび、毛氈かとみえる鞍を置いてい

図 21　絹織物刺繍（鞍覆）
中国産　62×226 cm（この図は半分）
アルタイ、パジリク第5号墳出土

図 22　青銅鏡紋様
中国産山字紋鏡　直径 11.5 cm
アルタイ、パジリク第6号墳出土

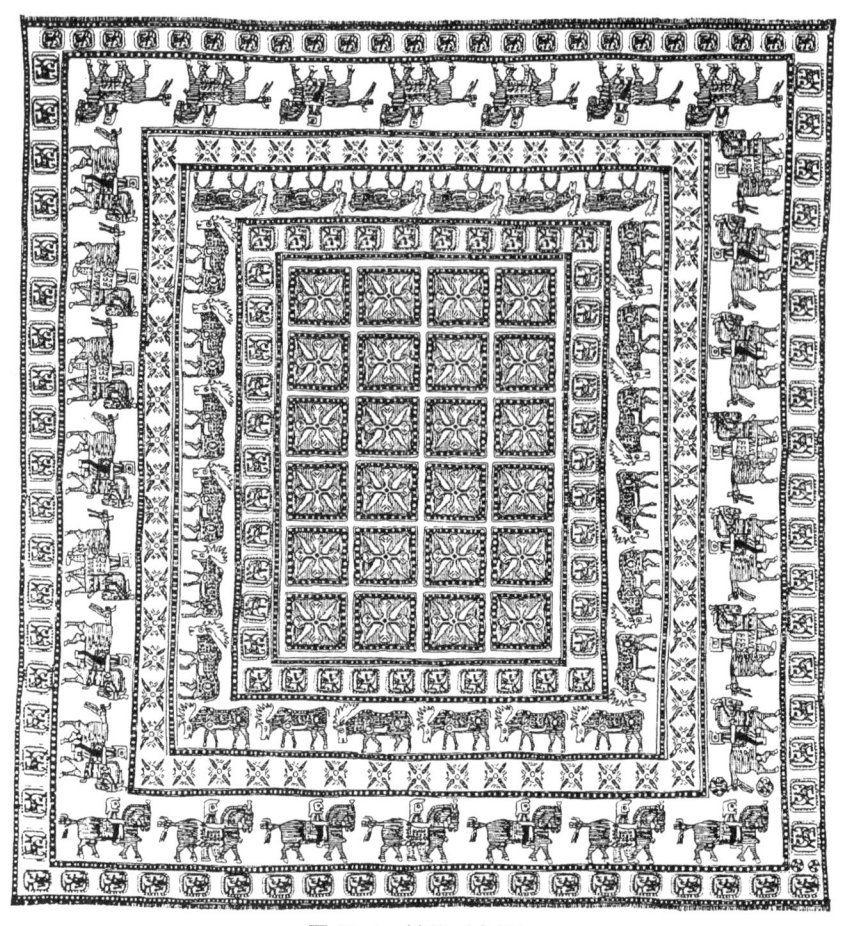

図 23-1　絨毯（全体）
ペルシア産　189×200 cm　アルタイ、パジリク第5号墳出土

る。鞍のデザインは方形の枠を基調にしたニネヴェやスーサにもみられるものである。アッシリアに始まりハハーマニシュ朝にひきつがれる表現である。手綱・頭絡・胸繋もある。鹿は西アジアに棲息する斑点のある黄鹿（ダマシカ）で（図23-2上）、肩腰の筋肉表現はハハーマニシュ朝風である。現存する世界最古のペルシア絨毯と称される。この絨毯だけでなく、全体として西アジア的な印象はつよい。

・ペルシア製織物：第5号墳出土の毛織物で鞍覆［Rudenko 1970　pl. 177 B］

j パジリク古墳群出土の外来品　59

・ペルシア製織物：第5号墳出土の毛織物で馬の胸繫(むながい)として使用されていた。68cm×5.3cmで、やはりアッシリアやハハーマニシュ朝風の、ペルセポリスやスーサのような、口を開けて尾を挙げ肩腰の筋肉を強調したライオンの列がついている（図24）。

・ペルシア製織物：第5号墳出土鞍覆の一部分。鋸歯紋方形枠の中に、香炉？を前にした女神官と言われる光景があらわしてある。冠状のものをかぶり、手に何かを持って、祈禱のようである。服装とおおきさからすると、中央よりの二人が高位者で外側の二人は下位者であろう。やはりアッシリアやハハーマニシュ朝の図柄である（図25）。

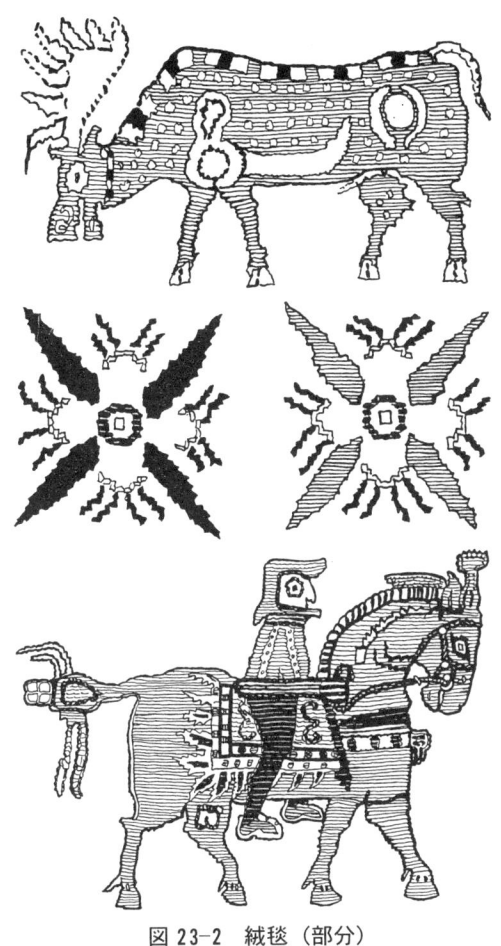

図23-2　絨毯（部分）
アルタイ、パジリク第5号墳出土

・金属製飾板や革製切抜等にみられる装飾デザイン：西アジア風の、ライオン・鶏・人頭有翼ライオン（スフインクス）、がある。鶏は東南アジア原産とされるが早くから西へヨーロッパまでひろがっており、そう飛べないことをかんがえても謎のおおい家畜である［Rudenko 1970　figs. 10, 22, 116, 117；pl. 55, 173 他］。

・トルコ石製ビーズ：第5号墳出土 ［Rudenko 1970　pl. 158］。

・宝貝：第6号墳出土 ［Rudenko 1970　pl. 68 C, 158］。

図24　織物紋様　ライオン列（胸繋）
ペルシア産　68×5.3cm　アルタイ、パジリク第5号墳出土

図25　織物紋様　女神官（鞍覆）
ペルシア産　アルタイ、パジリク第5号墳出土

・ラピスラズリ：第2号墳出土。鏡袋の装飾［Rudenko 1970 p. 110］。
・黄金イアリング：第2号墳出土。ハハーマニシュ朝風［Rudenko 1970 fig. 49］。
・カーネリアン製ビーズ：第6号墳出土［Rudenko 1970 p. 326］。
・コエンドロ（コリアンダー、栽培種）の種子：第2・5号墳出土。西アジア産［Rudenko 1970 pp. 316, 325］。
・中国製説のある車輛：第5号墳出土。全高2.7 m、輪径1.6 mの四頭立大型屋根付四輪馬車。車軸頭（轂）が70 cmとながく、スポーク（輻）は三十四本とおおい［ルデンコ 1971 図74］。これを中国製あるいはペルシア製とみる説があったが、中国には四輪車の例がなく、外形もこれまで知られた中国車や西アジア車に似たものが無い。むしろ草原地帯本来の特徴─大径多輻車輪付広軌で長車軸頭、といった中国へ受けつがれた特徴─がこの時期まで連続しているとかんがえるほうがよく、これは他所から持ちこんだ物としても中国や西アジア製ではなく、草原地帯の製品であろう。
・西方産説のある馬：大型墳五基では各七頭から十四頭の計五十四頭、小型墳では四頭の馬が副葬してあった。馬具付の乗用馬、一部は牽引用である。この馬をめぐっては、産地の問題と、飼育方法および去勢の問題が論じられている［Rudenko 1970 p. 117-］。

　五十八頭の馬は体高によって四群に分類されている。体高（肩の上・頸の付根である鬐甲の地上高）150〜128 cmを平均145・140・136・132 cmの群に分けて、体高のたかいすらっとした馬を得るために去勢をした、また西方の馬を輸入した、とするのである。しかし、比較する相手として、当時の各地域の馬のデータが整理されているわけではない。

　去勢のことは第V章で論ずる。

　盗掘していなければ他にどのような副葬品があったかはわからないが、張騫以前の絹織物を始めとする、東西ユーラシア各地の広範な産物がこのようなアルタイ山脈の谷の奥まで到来していたことがわかる。宝貝やラピスラズリの交易路の、ふるく、ながく、複雑なことがわかるのである。

第IV章　運ばれた馬と車―複雑な事物の伝播1―

a アイディアと発明・技術・デザイン＝複雑な事物の伝播

　前章の基本的ねらいは、人はふるくから遠方と関係を持ったのか、他地域と交渉を持ったのか、という単純なことの確認であった。そこでとりあげた資源の確保は、その社会について恒常的・継続的に必要なことであり、またそれを交易・交換というなら、対貨・代償をともなうことである。ラピスラズリは食料と交換されたし、絹馬交易・茶馬交易などの用語がつくられているとおりである。また量の多少は別として、わりと単純な物資そのものの移動であることがおおい。

　それに、動植物や鉱物には原産地を限定できるものがあるから、それが他所にあれば到来したものということになる。しかし、発明・発見・技術などのほうは、人間が偶然おなじことを発想するものであることをおもうと、似たことがあるから即伝播とはいえない。独立発明はあり得るので、車輌・土器・ガラス・金属器等多地域で生産可能なものの発明と伝播は別の原理によって説明しなければならない。

　そのように、単純な物資でなく、産地も限定できず、複雑・体系的な知識や技術をともなうものがある。対貨をともなうとはかぎらないので、交易ではなく伝播というほうがよいとおもう。それに、つたわる量や回数は問題ではない。いわゆる発明・発見・デザインの伝播はこちらに入る。『ウマ駆ける古代アジア』で主に馬車（古代戦車）のことをとりあげたのはそのような理由である。馬車は馬プラス車で、後述するように、これだけでも単純なものではないが、古代戦車はさらにプラス戦士と社会的価値の複雑な事物であって、それが東西ひろく、しかもだいたい同時に分布し、各地で類似の使用法のもと、多数を維持・訓練・運用していることは、独立発生の可能性がひくく、また単純に遠方へ伝播できるものでもない、とかんがえたからである（伝播自体については、馬に生物としての原棲息地があること、それに馬車の構造

と出現年代のことから確実視している)。

　生物資源の拡大、つまり家畜と作物の伝播もそのように複雑な事物である。動植物をどのように繁殖させ、飼育栽培し、料理(また工芸等への利用)するかは、対象の種類ごとにちがう知識と技術が必要で、たとえばある種子を入手したらすぐそれで栽培できる、といったものではない。ただ、作物と家畜は馬車よりももう一段ふるい時代の伝播が主で、資料上追跡がむつかしいし、かならずしも先に述べた"遠方"が意識されていた段階ではなかろう。伝播した速度もおそくて、千年間で1000 kmとかそういう話である。馬車はそれに比すれば時代がすこしおそく、かつ遺物や文献記録がおおい。伝播速度もはやい。

b 麦—西アジア型農牧複合の伝播

　筆者は、初期の作物伝播には中尾佐助『栽培植物と農耕の起源』・『料理の起源』と阪本寧男『雑穀のきた道』から、後代の伝播にはラウファー(Laufer, B.) *Sino-Iranica* とその後のシェィファー (Schafer, E. H.) *Golden Peaches of Samarkand* から、基本的着想を得た。そして、第二十世紀の考古学者は農耕牧畜の発生をおおきなテーマとしていてその成果を続々と発表した。世界各地に棲息する動植物は均一ではないから各地域で別々の栽培

表1　西アジア〜地中海地域で馴化した作物と家畜

穀　　類	一粒系コムギ、二粒系コムギ、チモフェービコムギ、普通系コムギ、オオムギ、ライムギ、エンバク
マ メ 類	エンドウ、ソラマメ、ヒヨコマメ、レンズマメ、グラスピー、ルーピン
蔬 菜 類	キャベツ、キュウリ、タマネギ、ニラ、レタス、パセリ
根 菜 類	ニンジン、ダイコン、カブ、ビート
油科植物	アブラナ、カラシナ、ベニバナ、アマ、オリーブ
果 物 類	リンゴ、ナシ、ブドウ、イチジク、スモモ、アンズ、サクランボ、ザクロ、ナツメヤシ、マルメロ、メロン、クワ
堅 果 類	セイヨウハシバミ、セイヨウグルミ、ピスタチオ、アーモンド
香 辛 料	イノンド、ウイキョウ、ヒメウイキョウ、コエンドロ、クミン、アニス
家　　畜	ヒツジ、ヤギ、ウシ、ブタ

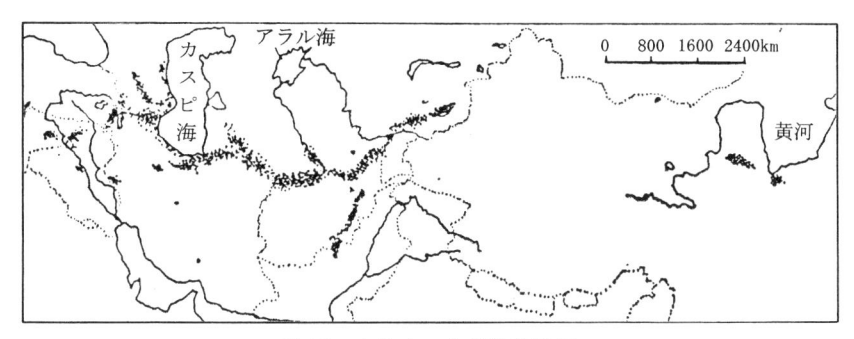

図26 タルホコムギ分布地図

化・家畜化がなされまた伝播し、ある種の作物と家畜の組みあわせが生活の基本型として確立した。そのなかで、本書のテーマとして重要なことは麦類、特に小麦の東伝であろう。現在の北中国は世界有数の小麦産地のひとつであり、小麦粉を使用した料理はおなじみのものであるが、最初からそうであったのではない。

小麦は西アジアの山地よりの地帯（現在のトルコ・北イラク・北イラン・シリア・イスラエル辺、いわゆる"豊沃の三日月地帯"）で前9000年ころから栽培化され、小麦・大麦・羊・山羊・牛等を組みあわせた"西アジア型（地中海型）農牧文化複合"が前5000年ころ確立する（表1、図60）。ある時期は彩紋土器をともなうのも特徴で、完成型としては乳利用や畜力利用をともなう。これは中央アジアから中国方面までひろがってきて、最後は中国に入ってくるが、そのころには中国では北の粟作、南の稲作がすでに確立している。小麦の祖先種のひとつではあるが栽培化してからはむしろ雑草的に小麦に付随するタルホコムギの分布がオアシスルートに似ているのは興味ぶかいことである（図26）。來（麥）は外来だから"来る"の意味になったという冗談のような説もある。

筆者は以前に、甲骨禾字・來字・麥字等穀物関係の字が、穂の垂れる粟・稲・梁と穂の垂れにくい麦を書き分けたのではないかとかんがえ（図27）、また乳利用をともなわないふるい西アジア型複合が先に伝来したのではないかとおもったことがあるが［川又 1989］、当時は肝心の小麦そのものの出土状況や品種鑑定が不明確であった。その後の発掘では、中国の小麦は新石器

66　第Ⅳ章　運ばれた馬と車

図27　甲骨文字　穀物穂の立ちかた
1禾　2來　3麥

時代後期の龍山時代までさかのぼることが確実となった。ふるいものは前3000年くらいにはなるであろう。当然小麦のみ来るわけは無いけれども、かと言って一緒に来たかもしれない羊・牛等の系統もはっきりわかっていない。しかし、今後急速に判明してくるであろうと予測できる研究状況である。ふるい小麦出土地点の一部は以下のようである。

①山東兗州西呉寺遺跡［宮本一夫 2005　p.231］
②山東聊城校場鋪［趙 2005　p.42］
③山東日照両城鎮遺跡［克労福徳・趙他 2004　p.73］
④陝西武功趙家来遺跡［宮本 2005　p.231］
⑤陝西岐山王家嘴遺跡［周原考古隊 2004　p.92；李 2004］
⑥甘粛民楽東灰山遺跡［李・莫 2004；克労福徳・趙他 2004　p.76］
⑦甘粛酒泉［Li 2002　p.180］

すると殷周代以前から有るので、周初、亡殷の子孫箕子が殷墟をとおりかかり、廃墟と化した旧都に粟黍が生いしげるのを観て悲嘆しながらも泣くのをこらえて「麦秀之詩」を詠じた、という名場面［『史記』「宋薇子世家」］など、先秦古典の麦はたしかに有ったのである。殷墟にも出土しているという［李 2004］。

　　麦穂伸びのび
　　粟黍ひかる
　　彼の狡童は（紂王を指す）
　　我と好からず（私が諫言したのに聴きいれぬから祖国殷は滅亡してしまった）

また、『詩経』「国風魏風」の「碩鼠」（大ネズミ）に

　　碩鼠碩鼠　我が黍を食ふこと無かれ
　　…………

碩鼠碩鼠　我が麦を食ふこと無かれ
　　…………
　　碩鼠碩鼠　我が苗を食ふこと無かれ
　　…………

とあり、鼠の害は昔からずっとあるのだが、麦もたしかに喰っている。

c 運ばれた馬と車

　馬と車については先に『ウマ駆ける古代アジア』（川又 1994）で発表し、そのあと『世界の考古学⑥中央ユーラシアの考古学』（藤川編 1999）ですこし追記をしたのであるが、年数も経たので、ここで先の概略を述べ、さらにその後の学界の進歩を紹介しよう。馬と車をとりあげたのは、これが①複雑な事物である、②張騫以前にひろく伝播したことがいくらか確実にたどり得る、③社会的影響がおおきい、という理由であった。馬や車、あるいは交通の研究、ということではなかった。

　他の家畜・作物もおなじであるが、馬は原棲息地を超えてひろく後代分布し今は世界中に居るが、これは人間が連れて行ったからである。つまり、馬は人や物を運ぶ動物であると我々は通常かんがえるのであるが、同時に、馬は運ばれたことも象徴する。

　馬利用には飼育法（含獣医）・調教法の技術と知識が必要である。そして車は、木工・革工・金工の異種材料技術が精密に組みあわさって初めて役に立つものである。車輪の真円性、運動に耐える強度、すべてを満たさないと何の役にも立たない完全性を要求される。であるから、その馬と車の合体した馬車は、製作・修理・維持において非常に困難な道具であり、また特に軍事利用（古代戦車）においては、乗員の訓練・部隊の運用・戦法・量の確保（社会的あるいは軍事的機能においては質とともに量も問題なのである）等、とにかく複雑なシステムを必要として、石や貝がつたわって行くこととは事情がちがう。そのようなものがヨーロッパ・北アフリカから東アジアにかけての広範な地域に、同一基本構造の馬車として存在することは、本書のテーマにとって都合がよい手がかりなのである。

68　第Ⅳ章　運ばれた馬と車

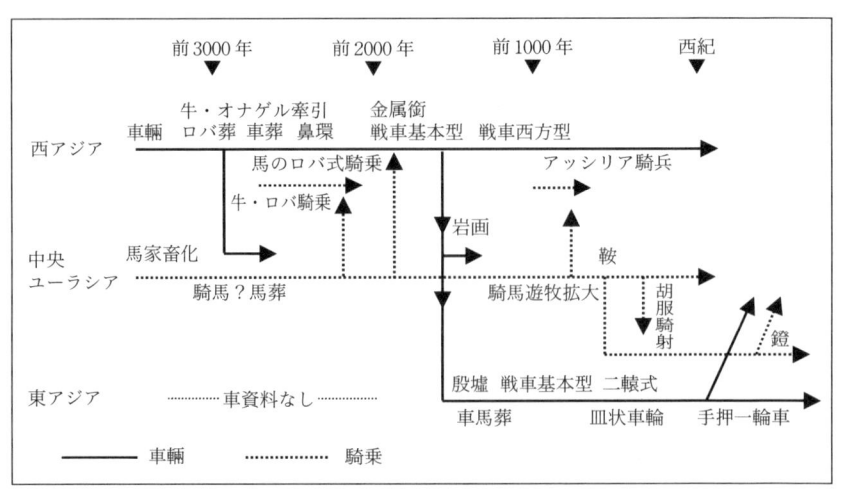

図28　馬と車の諸要素　発明と伝播

　その概略はひとまず図28のようになるのであるが、ほとんどは推定に推定をかさねたもので、よくわからないことがらの羅列である。また、これは西アジア型農牧文化につながるものである（図60）。
　まず、草原地帯西部において馬の家畜化があり、これがやがて役畜（労働力としての家畜）になって行く。牛よりはおそい家畜化であり役畜化である。
　車輪・車輛の発明はメソポタミアであるか草原地帯であるか、今もって判断しにくいところがあるが、どちらにせよ、東欧・カフカース（コーカサス）・メソポタミアにかけてのどこか以外に車の発明地は無いようである。メソポタミアとすれば、前3500年ころの発明であろう。車輪を何から発想したかはさまざまな説があるが、車輛全体として言えば、車輛は橇からできたものである。出現期の車輪は木板を円形につくったもので、丸太の輪切ではない。二輪（左右両輪）式と四輪式はどちらもあり、そのどちらが先であるかは知られない。すでに牛とオナゲル（ペルシアノロバ）あるいは驢（ロバ）が駄載・牽引には使用されていたらしい。制御に鼻環を使用することもあった。
　前2000年ころ車輪に輻（スポーク）式が発明されると、馬利用と輻式輪車輛が合体した古代戦車（戦闘・狩猟用二輪馬車）が北メソポタミア～アナ

c 運ばれた馬と車　69

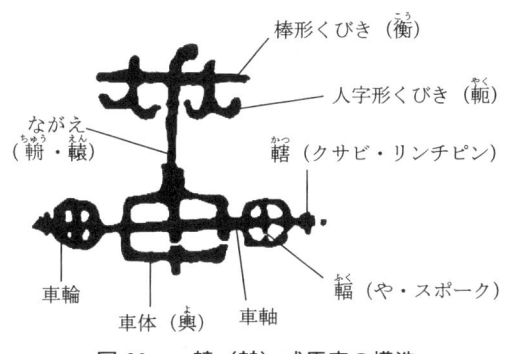

図29　一轅（輈）式馬車の構造
西周時代晩期　金文

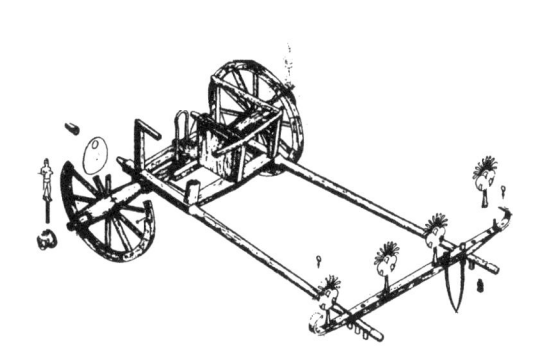

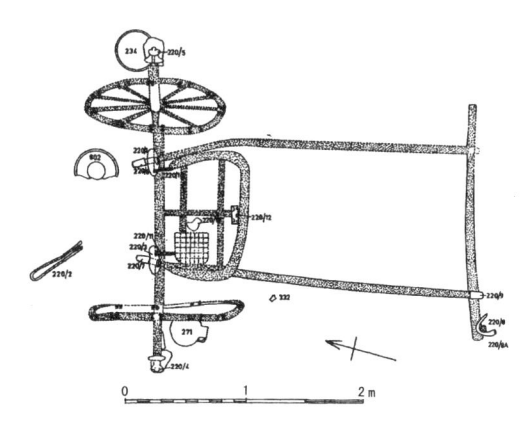

ラベル:
- 棒形くびき（衡）
- 人字形くびき（軛）
- ながえ（輈・轅）
- 轄（クサビ・リンチピン）
- 車輪
- 車体（輿）
- 車軸
- 輻（や・スポーク）

図30　二轅式馬車の構造
キュプロス、サラミス出土　前第八―七世紀

トリア（トルコ）～カフカース辺のどこかで出現し、前第二千年紀にエジプト・ブリテンや中国へひろがって行く。馬の初期拡大は古代戦車によるものである。

最初の古代戦車は車体中央下に車軸のあるタイプでこれを基本型（図29）ということにするが、やがて西アジアでは車体が車軸の前方に位置する西方型（図48）になる。この初期の基本型西方型とも牽引方式は、馬車以前からの、車体中央から牽引用の棒が一本だけ前へ出る一轅（輈）式で、この轅に直交する棒形頸木（衡）を付け、牛はこれでよいのであるが馬には馬専用の人字形頸木（軛）を追加する（図29）。一轅式は前第一千年紀後半から紀元前後にかけて二轅式（図30）にいれかわって、二轅式は現在までつづいてくる（一轅式も完全に消えるわけではない）。筆者は、二轅車は中国起原とかんがえていたが、キュプロスの調査

で前第七世紀の西方型二輈車が出ているので（図30）、東西独立の発明であろうと今はかんがえる。東西とも二輈式はすぐには普及しないようである。

騎馬の起原は根拠となる資料がとぼしく、さらにその軍事利用（騎兵）の起原、そして騎馬遊牧の起原、も難問である。それぞれ起原は不明であるが、騎兵の流行は前第一千年紀に入ってからであり、騎馬遊牧の盛行もそうである。騎馬は当初遺物となる道具が無く、鞍や蹄鉄や鐙の発明はかなりおそいものであって、最古の馬具は駄載・牽引・騎乗に共通する頭絡—手綱であった。金属製銜は、古代戦車拡大期に出現するものであるが不可欠の道具とはいえない。つまり騎馬にはその証拠となる遺物がまったく無いことがある。

馬・車輛・馬車は墳墓に副葬することがおおく、祭祀儀礼においても特殊な役割のことがおおい。宗教上も重要な動物であり道具であったといわなければならない。社会的な意味を持つこともおおい。岩画にもえがいている。

d 家畜化とは

まず、家畜化とは何か、ということ自体がわかりがたい問題なのである。動物の家畜化と植物の栽培化/作物化はひっくるめてドメスティケイション（domestication, 英）という。馴化と訳すこともある。

動植物のドメスティケイションは人類史上最大の問題のひとつであり、特に第二十世紀後半の学界はこのテーマに力をそそいできたものの、それぞれの種ドメスティケイションのおこった地域・時代・プロセスは今なお明瞭とは言いがたい。ともかく、ドメスティケイションの主要部分は、考古学でいう新石器時代にアジアでおこったらしいことは判明している。そして家畜としての最古の第一群は、犬を特別として一時除外すれば、羊・山羊・豚・牛・鶏であろう（この第一群の動物は現代なお人類の主要食料源であることからもこの問題のおおきな意味がわかる）。馬（現生馬エクウス、ウマ科ウマ属ウマ）や驢・駱駝はそれに次ぐ家畜化第二群のひとつであるらしいが、馬の家畜化問題は、馬が歴史上重要な動物であるにもかかわらず、よくわかっていない方に入る。

家畜とは、人間の管理下において代々飼養されつづけて、野生から変化し、そして人間の生活を変化させた動物（哺乳類のみならず広義には鶏や蚕の類も

ふくむものとする）、である。代々栽培されつづけて変化し人間の生活を変えた植物は、作物・栽培植物である。つまり家畜と作物は動植物のちがいはあるが要点はおなじものである。さらに広義には、人類文化下の環境に動植物側から適応または共生して（人間側の意識的働きかけでなく）野生から変化した動植物―俗にいう"雑草"の一部やある種の鼠など―をふくんで言うこともある。ここでいう代々とは動植物側の代々という意味であるが、結果としては人間側も代々ということになるであろう。我々の祖先はながい努力をした。

　代々飼養されることによって、動物は能力や行動・気質・形質（目に見える形態的特徴）が変化してくるし、それとともに人間側の動物利用状況と生活全体も変わってくる。その変化のどれかが遺跡で確認できれば家畜化があった、ということになる。もっともまったくの始原を知ることはできないであろう。考古学的遺跡発掘で判明するのは、ある程度家畜化がすすんだ段階である。

　動物園やサーカスでわかるように古代以来各種の野生動物を飼育し馴らすことはできるし、象などのようにそれを使役する所もあるが、これらは代々ではなく、形質も変わっていないので、家畜にはふくめない。単に人間に馴れている、役にたつ、ということだけならば、捕獲して馴らした野生動物にもよくあることである。しかし、完全な家畜という言いかたをするならば、それに対して、不完全な家畜というか中間段階の家畜もあり、また当然家畜の最初は野生獣であり、家畜化・動物の利用法にはさまざまな段階がある、とは言うことができる。そう単純に、野生と家畜に二分できるわけではない。完全な家畜化を、ヒト環境下への過適応、とすればその指標としては、再野生化（自然環境での摂食と生殖）の可不可をあげることもできるであろう。馬・山羊等には再野生化した群が知られている。

　まず、どのような動物が家畜になったのであろうか。一般に以下のように説明している［クラトンブロック　1989他］ので挙げておこう。

　　　人間側の利用目的に適して有用であり、ある程度大型・頑健で、知能のあること。初期の家畜にあまり小型の哺乳類はいない。

環境変化に慣れる適応力があって、それまでとちがう環境下で摂食と生殖が可能であること。現在の発達した動物園でもすべての種が生殖可能ではないので、めずらしい出生があるとニュースになることは御存知のとおりである。なわばり性のつよい種はこの点で除外される。追随性のある種が良いらしい。

そして、家畜候補の動物は、食事が人間によって保証され、外敵の脅威が減り、繋留等によるストレスが増し、初期には近親婚がおおいので遺伝子の範囲がせばまった（後には、遠方からの個体と交配することもある）。また人間による選抜があると、自然では淘汰されるような遺伝子がつづくことがある。

家畜化最初のきっかけ、は栽培化のきっかけよりもずっと想像しにくいが、動物側から人間側へ寄ってきたらしい犬・豚のような例と、人間側から動物側に寄ったらしい羊・山羊等の例の二種類があったであろう。

何故、主にアジアの新石器時代に家畜化が盛んなのか（特に主要家畜はほとんど全部）、等も難問である。

そのなかで、動物は植物にくらべるとドメスティケイトされた種の数がすくないのが特徴である。われわれが誰でも野菜・穀物・果物にはかなり多数の種類をあげることができるのに、家畜の種数はそれほど頭にうかばないことからもわかるであろう。

e 家畜化における変化

現在、家畜化によって、どのような変化がでてくると推定されているのか、簡単にまとめておこう［クラトンブロック 1989；ラッカム 1997；藤井 2001、他によって項目の一部を列挙しておく］。変化は、人間側の利用目的とその種の遺伝子と環境による結果で、以下の全項目が全種に出現するのではないし、野生個体を馴らしてもすぐ出る要素もある。周辺の犬・猫・金魚等を御覧ありたい。そのなかで何が遺跡発掘で確認できるのかが問題である。

形質と生理の変化：全体としては、ネオテニー（幼形成熟）、感覚器官退化、対ストレス反応退化、対疲労反応退化、疾病防御力衰退、代謝

衰退。生殖力増化（野生では早く成長する部分に栄養がゆきわたる、家畜は逆）。長寿化。外貌では、体色・毛色（斑紋・多色化・アルビノ等）・耳（軟化-垂耳・長耳）・尾（巻尾・ねじれ・長尾）・毛（ウール羊への改良・馬鬣の長伸化）、皮膚（たるみ・皺・垂皮）等の変化。骨格においては、家畜化初期に小型化その後大小多様化、病気発生（虫歯・歯槽膿漏・痛風）、頭蓋円形化、顔面短縮、歯列短縮、歯小型化、角のねじれ・大型化・無角化、骨断面空洞化、骨表層に無機質沈着。顎・四肢の筋肉が弱化するので筋腱付着部・眼窩の角度の変化。軟部については、脳量、皮下脂肪の付き方（脂肪が皮下・筋繊維の間へ、野生では内臓まわりに付く）、筋肉（運動不足あるいは労働過多）、の変化、等々、である。個体数は増加（野生餌づけでも個体数は増す）。

　能力の変化：肉・乳・卵・毛、の質や生産量増大。鳴声の変化。走力・牽引、等の力増大。繁殖能力は増し、発育が早くなる。自己防衛力衰退、運動と闘争能力衰退（利用目的によっては逆）。

　心理・性質・行動の変化：人間への親和性が増し、温順になり（闘争用は別）、人間をリーダーとみとめる。鳴声が変わったり（犬・鶏）、人間に服従姿勢をとったり、じゃれるようになる。狩猟は下手になる。ストレスの増加。家畜が形質のみでなく気質も変化することは、実験的にも確認されている［田名部 1998］

　人間側の動物利用法の変化：屠殺パターン（自然状態と比較しての遺跡出土動物における種・性別・年令・身体部位の量と比率）、棲息状況（原野生種のいないところから出土）、生活における野生獣利用の減少と家畜の増大（生活において家畜と作物に頼る割合が増大）。家畜飼養の道具は、狩猟具より少ない。

わかりやすい例をあげれば、犬がワンワンバウバウと鳴くこと、狼と狆とダックスフントとブルドッグが同一種であるのにだいぶちがう格好であること、犬・牛・馬・金魚・錦鯉などに野生に無い斑紋（ぶち）や白色のものがいること、豚や犬に耳の垂れた品種があること、肥満体形、など。2004年ニュージーランドであったと記憶するが、六年間逃げて毛が伸びすぎ樹にか

らまって移動できなくなった巨大毛球羊のニュースがあった。毛用に特化した羊だからあのように毛が伸びつづけるのである。野生であの状態であったら生存し得ないという見本である。人間管理下では、定期的に毛を刈るから樹にからまることなく生きて行ける。また、犬は同種本流である狼が来ると人間側に立って闘争するが、これは自分を人間とおもっているか、人間を犬だとおもっているか、どちらかなのであろうといわれる。これらが"家畜化"の結果である。

f 馬家畜化問題をめぐって

馬は歴史をつくる動物などとも称され、"六畜"（中国古典）・"五畜"（モンゴル）にも入る基本家畜であるにもかかわらず、馬（ウマ科ウマ属ウマ）家畜化の状況と年代についてはまだよくわかっていない。

当初、馬は人間にとっては他の家畜の場合とおなじく狩猟の獲物つまり食用源であった。もとより、骨・皮・毛の用途もある。フランスのラスコーなど旧石器時代洞窟絵画の馬は歴史教科書でもよく知られている。狩猟の対象であった馬はやがて家畜になる。

馬の家畜化年代が現在よくわかっていないのは、遺跡での家畜化判断が主に形質、それも出土骨に拠っているのに、狼と犬、猪と豚、などにみえる変化と比較すると、家畜馬の野生からの骨格変化がちいさいからである。それに、骨格は人間が飼養を開始してもすぐには変化しないので、骨学で判断できるのは家畜化がだいぶすすんでからであるし、さらに遺跡の骨はいたんでいて精密な判断は困難であることがおおい。そして、家畜化初期にあたる年代には、野生と家畜両方の基準となる明瞭な馬骨が知られず、また現在野生馬が存在しないのでそれとの比較ができない。それでも出土骨の屠殺パターンや全身サイズの変化からこの問題は論じられてきた。

馬の場合は毛色・鬣・前髪・尾等の外貌によれば家畜化（厳密には、家畜化のすすんだ段階）を判断することができるが、遠古の遺跡では外貌のわからないことが普通で、骨学が唯一の手段である。なお、野生馬の外貌は近種である現生のモウコノウマ（プルジェヴァルスキー馬、モンゴル語タキ；モウコウマとは別）に似たものであったらしい（図31）。

図31　プルジェヴァルスキー馬（モウコノウマ）
モウコウマと混同されるが、モウコウマは家畜馬で、モウコノウマは家畜馬であるウマとは別種。

　次に述べるデレイフカ遺跡の銜痕跡をめぐる議論がおこる前には、馬の家畜化時期を前5000年以前とみる説から前2000年以降説まであり、そのなかで前3000年ころとするのがやや有力であった［Bibikova 1969 など］。これは東欧や黒海北岸スリェドニィストーク文化遺跡などの出土馬骨の寸法や出土量の増加から推定していたものである。すでに、デレイフカ遺跡出土の鑣（ひょう）（鏡板・銜枝・銜留、銜の外側につける古代の部品）類似製品も注目され、馬群は徒歩では管理できまいから騎馬用であろう、との推定もあった［Azzaroli 1985］。家畜化直前の、野生馬棲息地はおおまかにはスペインからアルプス〜カフカース〜ヒマラヤの北側草原地帯とその周辺（アナトリアなども）なので、家畜化の場所はその中である。旧石器時代にはもっと広大に存在した。
　なお、現在、野生馬は生存せず、アメリカのムスタングなど世界各地の野馬は、家畜馬が再野生化したものである。

g　馬骨を多量に出土したデレイフカ遺跡

　ウクライナのデレイフカ遺跡（図9）は、キーイフ（キエフ）と黒海の中間でドニプロ（ドニエプル）河沿にある新石器時代末期から青銅器時代初期

にかけての段階（スリェドニィストーク文化）の遺跡で、馬骨の出土量が非常に多量なことで注目された。発掘は1960年から1983年にかけて数回おこなわれた［Telegin 1986］。草原地帯の縁辺、森林ステップへ移行する所で、狩猟漁撈採集を基本として、家畜飼育と農耕も始めつつあった頃の小定住集落である。

石器・土器・骨角器・漁具製作場・建物・炉・ピット（さまざまな穴）・動物囲・獣骨、などが出土した。獣骨は、牛・豚・羊等哺乳類は十六種と鑑定され、数量的にはその六割が馬であり、二番目は牛である。

骨の大部分は食用の残存らしかったが、集落の日の出側に祭祀埋納らしい七〜八歳の雄馬の頭骨（cult stallion または cult horse と呼んでいる）があった。これは雄馬頭骨と、別個体らしい馬左前肢、犬二頭、猪形土偶等と炉の組みあわせで、かたわらにピットと石列がある。こまかい出土状況はよくわからない。馬と犬がずっとユーラシア各地で宗教習俗上特別なあつかいをされてきた動物であることからも注目をひいた。さらに、遺物の中には後世の頭絡の部品である棒状鑣によく似た遺物が六点あると報告してある。

h デレイフカ遺跡出土馬骨をめぐるアンソニーの説

1990年前後に、そのデレイフカ遺跡出土祭祀埋納馬頭骨一個体（cult stallion）の臼歯にみえる銜痕跡（歯の磨耗程度とパターン）と鑣類似製品の出土（銜につく部品だが銜本体は無かった）を根拠として、前4000年ころを馬の家畜化時期とする説、さらに狩猟の状況などもかんがえることによって、そのころ既に馬に騎乗していたと推定する説を、デーヴィッド＝アンソニーたちが提唱した。おそらく牛利用をすでに知っている人たちが馬狩猟地帯にやって来ての結果であろうという［Anthony & Brown 1989；1991 他］。近年では一番議論された説である。前4000年という数字自体は、ふるい方ではあるがそれまでの諸説の範囲に入るものである。

デレイフカ遺跡は馬骨の出土量が非常に多量で、野生にせよ家畜にせよ馬肉利用が主要食料源であった、と言うことはできる。その中でただ一例とはいえ、銜痕跡があれば、鑣類似製品の存在（おなじころの他の遺跡からも出土している）とあわせて、銜の存在が推定でき、それなら、銜は手綱をつける

ための道具であるから、手綱の存在を言うことができることになる。

肉用に手綱は不要であるから、手綱があるならば、肉用でない馬の存在、すくなくとも肉用のみでない馬の存在、を言うことができる。野生馬を捕獲して馴らしていた可能性も

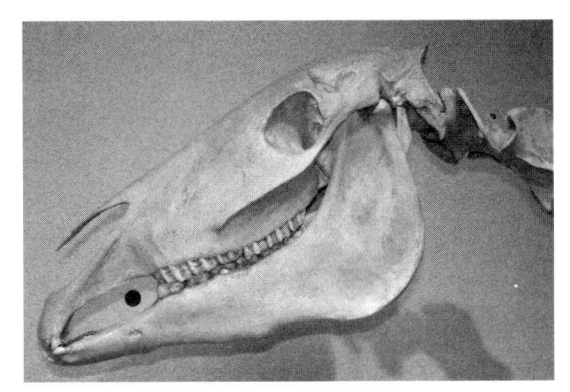

図32　馬歯列の構造
●印の歯のない部分が歯槽間縁（銜受）

のこるので慎重に言っても、手綱があれば、一部の馬は飼育されて使役されていた、役畜的であった、と判断することができる。アンソニーが、この資料を野生馬でなく家畜の初期とかんがえたのは、馬が非常に神経質な動物なので、長期間の人間管理下を経ていくらか温和な気質に変化し人間への親和性ができてからでないと銜をつけ得ない、とかんがえたからであるらしい。問題の馬がこの遺跡出土骨の中では大型であるので人間の愛馬だったのではないか、ということも理由である。

銜とは、後で説明するように、馬口中の切歯（前歯）と臼歯（奥歯）間の歯のない部分（歯槽間縁・銜受　図32）にかませて手綱をつける道具で（図40〜42）、銜をつけると馬の臼歯の一番前である第二前臼歯（第一前臼歯は退化）に当たって歯隅に磨耗（beveling）がおこる。もちろん自然状態でも歯は磨耗するものであるが、銜による方が磨耗はおおきい傾向がある。また銜の形と材質、馬口中の形、馬の癖や気分、使用者の手綱操作の癖、などによって銜と歯の当たり方がちがうので、この磨耗の形と程度を単純に判断することはできないが、銜が歯に当たる部分の磨耗がある程度よりおおきい場合は銜による痕跡である、ということができる。磨耗程度のちいさいものについては野生のままとも手綱によるとも何も判断することはできない。

筆者はこのアンソニーの論文を読んでから諸所の馬の頭骨を観て、臼歯の磨耗については妥当な説であるとかんがえた。また、乗馬クラブで観察して、

人と馬両者の癖により、銜と歯の当たり具合が単純なことでないと知った。銜が歯に当たるだけとおもっていたら、銜を噛む癖のある馬もいる。なお、この説について、歯が磨耗していればそれだけで家畜としている、とおもっている人もいるがそれは誤解であって、磨耗の程度が問題なのである。また、いわゆる飼葉桶咬（馬が人間に拘束されるとストレスのため飼葉桶をしょっちゅう咬むので前歯が減りやすい）や歯ぎしり（人間に拘束されてのストレスによる）と混同している人もいるが、これも誤解である。

　アンソニーは、当初、金属製銜でないと歯が磨耗しないのではないかともおもったらしいが、骨・ロープ・金属などいろいろな材料で銜を試作して現代の馬に試用し、有機物製の銜でも歯が磨耗することを確認し、さらに馬の歯が銜を装着してどれくらいの時間でどれだけ減るか、どんな痕跡がつくか、などの実験もおこなった。デレイフカ問題の歯については骨製銜の痕跡という結論である［Brown & Anthony 1998；末崎編 1996 p.189］。ただし、ロープなど軟質銜では歯がそれほどは減っていない。

　馬歯の銜痕跡を金属製銜存在の証拠とした研究は以前にもあったのであるが、各種材料で銜を試作して馬に実験して、有機物製銜も想定し、また家畜化の確認に使用したのはアンソニーが最初である。この実験の成果は今後もおおくの遺跡で注意しなければならない。ただし、この銜製作材料による磨耗痕パターンの変化詳細についてはまだ発表されていない。出土骨表面は風化しているので微細な判断は困難であろう。残存状態によっては判断できるのかもしれないが、ふるい遺跡であまり有効とはかんがえられない。ともかく、磨耗がある程度おおきい場合にのみ、金属・骨などの硬質銜を使用したと推定することが安全である。すると軟質銜もしくは銜の無い馬利用を想定する役畜化初期に関しては決め手にならないことになるであろう。

i アンソニー説をめぐる議論

　筆者は『ウマ駆ける古代アジア』でこのアンソニー説、つまり、前4000年ころに馬の家畜化か、と紹介した［ほかに、林他 1993；佐原 1993；藤川編 1999、など］。

　しかし一方で、この発掘はどうも杜撰であったのではないかという意見も

現地考古学界にあったらしく、最近問題の馬頭骨から直接年代測定をおこない、この骨の年代は遺跡の他の部分よりももっと後代のようだということになった。ソ連時代の発掘が厳密でなかったのである。遺跡とは、同一年代のものだけが埋まっているのではないので、それを判断するのが発掘者の第一の仕事なのであるが、できていなかったのである（これは遺跡捏造ではなく、単なる失敗であるようだ）。そして発掘後の資料保管もいいかげんであったらしい。アンソニーや、アンソニーに反対してデレイフカ馬骨野生説をとなえるレヴィンも出土骨全部を調査したのではない。厳密な統計学的議論はできないことになる。

現地ウクライナでデレイフカ遺跡の層位学に疑問がもたれていることは日本でも雪嶋宏一が紹介し［雪嶋 1999］、筆者自身当初単純な紹介をしつつも、たった一例なので事例が増える必要があり、また出土状況のこまかい点の確認が決め手である、と書いた［川又 1994 p.27］。その後、報告書［Telegin 1986］では問題の馬頭骨・鑣類似製品・年代測定試料三者の出土状況が明示されていないことの不安、を書いた［藤川編 1999 p.31］のであるが、その時既に直接の年代測定数値が発表されている［Mallory & Adams eds. 1997 p.157 に前 2900 年頃とある］ことに気がつかなかった。林俊雄も最近この問題の現状を紹介している［林 2002］。

問題の放射性炭素法年代測定数値は次のとおりである。同一馬頭骨を三箇所で計測している［Anthony & Brown 2000 p.76］：

    Ki 5488　　　　　　4330±120 B. P.
    Ki-6962　　　　　　2490±95 B. P.
    OxA-7185　　　　　2295±60 B. P.

前記の前 2900 年頃というのは、一番目の測定値の補正値である。どうみても前 4000 年ちかくへもって行くことはできないが、それでも最古の資料のひとつにはなるであろう。アンソニーは、問題の馬頭骨接合時の接着剤浸透による資料汚染を疑ってもいる［Olsen ed. 1996 p.79］。しかし軟質銜でそれほど臼歯が摩耗しないのであれば、硬質銜存在の根拠が明確でない以上、やはりまちがいであった、とすることになる。アンソニーが銜痕跡に注意して推論したこと自体は誤ではないし、今後他の遺跡で銜痕跡に注意する必要

がある。

デレイフカ遺跡をめぐる議論はそれで現在小休止というところであろう。終了と言わないのは、ここが、アンソニーの説以前から馬家畜化問題に関連づけられている遺跡で、銜痕跡以外のこともあるからである。

次いで、現在話題になっているのは、北カザフスタンピェトロパヴロフスク西南のボタイ遺跡で、出土獣骨のほとんどが三十万点といわれる大量の馬骨で、そこにアンソニーによると二十余点の銜痕跡のある馬頭骨が出土している。数百基の竪穴式住居址がある大集落である。アンソニーはここと近辺のコザイ遺跡・セルゲイフカ遺跡で、デレイフカ遺跡と同様な根拠によって馬の家畜化と騎乗の開始を提唱している［Anthony HP; Anthony & Brown 2000; Olsen ed. 1996］。年代は前3500年頃としている。遺跡は現在も調査中で詳細はまだ発表されていないし、ウマが野生かどうかもまだ論争中である［Levine 1999］。デレイフカ遺跡と同様な失敗がなければ妥当かということになるのであるが、現在、動物考古学者のあいだでは、デレイフカとボタイ両遺跡出土馬骨については野生とみなす説が強いとのことである［本郷一美による 2004］。植物利用においては、採集が非常にたかまる段階から農耕に入るようであるが、動物利用における家畜化もおそらくその種の狩猟の非常にたかまる段階から入るのではないかとおもう。デレイフカやボタイの多量の馬骨が野生であるとしても、やはり家畜化直前ではあるのであろう。

なお、銜痕跡のような役畜としての証拠から馬家畜化を推定する場合は、次の四点を考慮しておかなければならない。

①一般的に、初期家畜は食用であって、家畜化がすすんでから家畜の非屠殺的利用法（役用・乳用・毛用）に入るものであること。

②その一方で、野生動物を馴らして使役することもあること。

　古代メソポタミアでペルシアノロバ（オナゲル、半驢）を使役したかどうかの論議がある。またモウコノウマは馴れないといわれているが、騎乗する写真がある［Mohr 1971］から、個体としては馴らすことは可能らしい。野生動物を馴らして使役する例は象（最近は飼養して繁殖させるらしいが）や鷹狩の鷹、狩猟用チーターなど、多々例のあることである。

③銜使用以外の制御方法もあること。

④牛・驢・ウマ属雑種、また地域によっては馴鹿・駱駝・犛牛(ヤク)など、馬以外の役畜もふくむ役畜各種利用法の相互影響と前後関係、である。

たとえば、牛の一輓式牽引法や鼻環制御法は驢・馬に応用されたようであるし、馬用鞍は馴鹿に応用されたらしい。

j 馬家畜化年代の下限

一方、野生馬棲息地外の馬の存在は、家畜化してから人間が移動させたことになるから、これが判明すれば家畜化年代の下限をしめすことになる。

この最古の資料は、メソポタミアの楔形文字資料や粘土小像［Owen 1991；Bökönyi 1972］・ブリテン島ノーフォークの Grime 遺跡・アイルランド島ミース郡の New Grange 遺跡［以上2件 Clutton-Brock 1992　p.58］・イスラエル・アナトリア［Olsen ed. 1996　p.61］・シリア［Levine ed. 2003　p.117］の馬骨、シリア、テルスウェイハトの土製馬像［Drews 2004　fig.3-5］であって、だいたい前第三千年紀、ふるくみるものは前第四千年紀中頃の年代が推定されている。

総合すれば、やはり前 3000 年以前には馬は家畜化されていることになるであろうが、これでは以前言われていた説とかわりがない。場所は草原地帯またその周辺のどこかである（騎馬遊牧以前の時代の草原であることに注意）。なお、最近、動物考古学者のあいだでは、スペインなどヨーロッパ各地も馬家畜化の場所としてかんがえる多元説がでている［Olsen ed. 1996　p.70；本郷 2001］。結局は標本数を増やして、サイズとプロポーションの変化と利用法による骨の変化を精密に追求するオーソドックスな骨学を基本として、今後も追求して行くしかないのであろう。

k 馬使役の開始

家畜は人間に、肉・骨・皮・毛などを提供する。これは死んでから人の役にたつのであって、その点は野生時代狩猟の獲物であった時とおなじで何も変わりが無い。家畜になってだいぶたってから、労働・乳・毛（ウール羊など）も提供するようになった。これは生きていてこそ人間の役にたつので、あたらしい動物利用法である。馬も例外ではない。

デレイフカ遺跡の段階から騎乗したとアザロリやアンソニーはかんがえたのであるが、騎乗の証拠となるべき遺物は騎乗初期には無いので、状況（民俗例から、大型獣を狩猟するには騎馬でないとやりにくい、つまりこの場合野生馬を狩るために飼育している馬に騎乗する、また大型家畜群を管理するには騎馬でないとやりにくい）と鑣類似製品出土からの推測である。

騎馬について、後世には騎乗鞍・鐙や騎馬の絵・彫刻・文献といった直接証拠があるが、初期にはそのような資料がもともと無いのであるから、考古学上騎馬初期の実証はむつかしい。銜痕跡は、手綱の存在、を意味するものではあるが、手綱は、牽引（車輛や橇・犂を引くこと）・駄載（背に積むこと、パック）でも使用するから、役畜（労働させる動物）であることはしめすものの役用の種類はしめさない。牽引の場合は車輛などの牽引対象物と軛など牽引用の道具があるので考古学では好都合であるが、駄載と騎乗にはそれが無い。また銜を使用しない無口頭絡（図36）等でもおなじことはできるが、材料が縄・皮紐等だけの場合遺跡には何も残存しない。それに、先にも述べたように、他動物の使役方法を応用しているかもしれないから、騎馬の開始については牽引・駄載の起原とともに、驢・牛などの利用とあわせて再検討しなければならない。前2000年ころのメソポタミアでは、馬体の後方寄りに騎ることがおこなわれて、驢でよくある例なので"ロバ騎り""驢式騎乗""ドンキーシート"と呼ばれているが、起原は牛の騎り方なのではないか（図33）［川又 1994 p. 157-］。

驢の駄載はシリアで大

図33　牛の後方騎り（驢式騎乗）
イラク、ディヤラ地方出土　高7cm　前2000年頃
〔シカゴ、オリエント研究所蔵〕

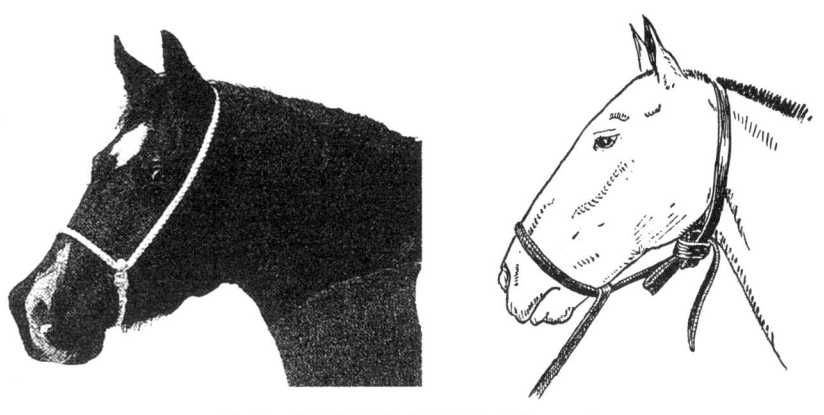

図 34　綱を口中にかけない方法　現代

図 35　綱を口中にかける方法　現代

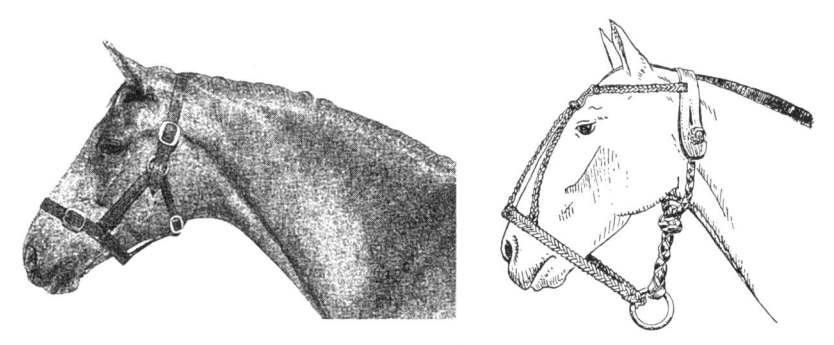

図 36　現代の一般的ヨーロッパ型無口頭絡（左）と南米のボザール頭絡（右）

籠を載せる粘土像があり前第四千年紀の確認ができる［Kaplan 1969 PL. VII］が起原はもっとふるい可能性があろう。牛の犂牽引はもっとふるくみる説もある。初期役畜については、まだ不明な点が多々ある。

また、騎馬すれば、馬の腰骨・椎骨、人間の股関節・椎骨など人馬両方に変化がでるはずである。人骨についてはそのような研究が以前からすこしあり［片山 1990 p.120 ただし中世東欧］、馬骨についても最近始まっている［Levine 1999 pp.49-50］。報告例はまだほとんど無い。騎乗と牽引では馬骨の変化に差異があるようである。蹄の変形はどちらにも出る。今後の研究に期待できる。

1 銜の発明

動物を使役するためには人間が動物に合図をつたえて制御し、また動物を逃がさない、あるいは拘束するために、人間と動物の間に何かつなぐものが必要である。非常に馴れていれば、馬車でも声や口笛・鞭だけで制御できるが、綱（縄・紐・帯）を動物の頭頸部に使用する例が普通である。これを一般に手綱（たづな）と呼ぶ。

手綱の付け方は、手綱の基部によって大別すれば、①動物の体外だけで付けるか、②体内も使用するか、である。単に逃がさないためや牽引のためには、胴部や脚部をしばったりもするが、今は制御の目的をかんがえる。①は逃走防止だけの目的の場合も使用する。四足獣も鳥類も頸部がほそく頭と肩はひろいから、ここをしばる頸綱（ネックロープ）が本来基本であろう。②は使役の目的に重点がある。

①としては、頸・頭・口鼻・角部をしばったり、何かかぶせたりする方法がある。頸綱・鉢巻（図37）・口枷（口籠 図11）・無口頭絡（寝張頭絡 図36左）・オモゲー（ブランクス 図38）・ボザール（図36右）と、これだけでもいろいろである。無口頭絡の基本構造は、（銜があっても同様であるが）口鼻部を一周する紐（鼻革・顎下革）とそれを頭頂から吊る紐（項革（うなじかわ））である。

②としては、鼻や唇に環・棒をとおして（鼻環・鼻木）それに手綱を付ける、あるいは口中にかませる（銜）、または下顎をしばるか環をはめる（図39）、の各種がある。図34右・図35は普段の使役よりも調教のためのもの

1 銜の発明　85

図 37　牛における鉢巻風の方法　現代　ウズベキスタン

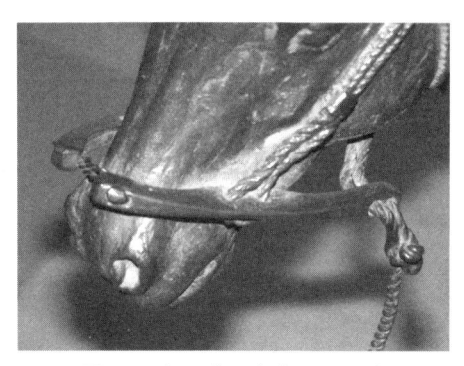

図 38　オモゲー（ブランクス）
棒状の部品で口の両側を挟む方式で、北ヨーロッパから日本まで分布する。

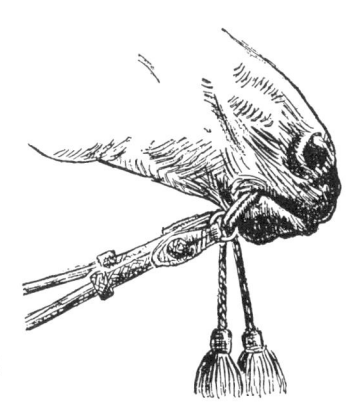

図 39　顎環手綱
図32の歯槽間縁（銜受）と下顎に環を嵌めて（環でなく紐でしばるのも原理的にはおなじ）手綱をつける方式。

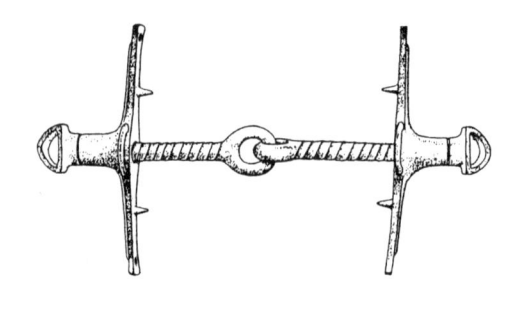

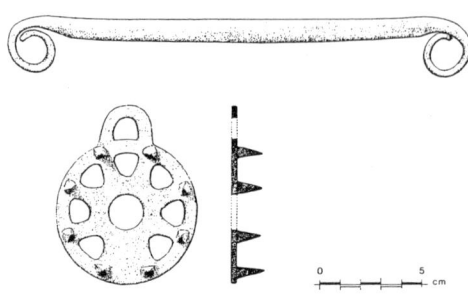

図40 青銅製初期の銜と鑣
エジプト、テルアマルナ出土（上）；北イラク、テルハダド出土（下）

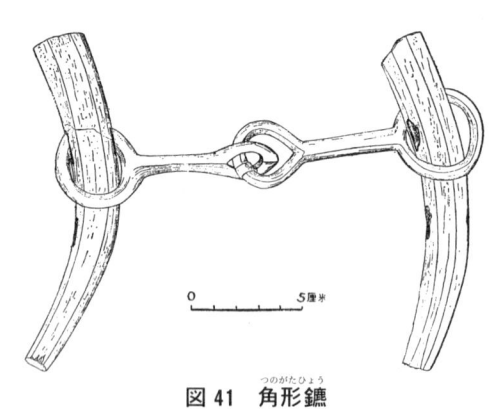

図41 角形鑣
銜は青銅製、鑣は骨製　河南輝県琉璃閣130号墓出土
鑣長16cm

である。

馬利用史で重要なものは②の一種である銜（馬銜）であって、手綱基部として馬口に銜ませる部品であり、遺物としても多数出土する。その発生としてはたぶん、おおくの馬術家が想像するように頸綱を頭の方へずらしてきて、馬歯列の歯の無い部分(歯槽間縁、牛や羊もおなじ　図32)を利用できることに気づいた時、口中にかけるしばりかたを工夫し(図35)、口中の部分には耐久性のある材料を使用して別部品をつくるようになり（これが銜になる）、かつ着脱に便利な装置（頭絡・勒・面繋）をつくったのであろう。

基本構造は、銜と頭頂から銜を吊るす紐（項革）の二部分で（図35左と似た構造になる）、そこへ銜を頭絡に付ける部品の鑣や額の部分（額革）・鼻革などが追加される。しかしこの発生の問題は現在資料が無く考古学上論ずることはできない。腱などの有機物製銜を仮定すると、噛み切られるのではとの疑問がいつ

m 円盤形骨角製鑣　87

も出てくるのであるが、図35のように現代でもロープを口中にいれてしばったりすることはあるし、アンソニーも実験したように、ある程度の時間は保つのですぐ噛み切られるわけではない。金属製最古の銜のうち、二連のものが撚った形であるのは(図40上)やはり有機物を撚ったものが先

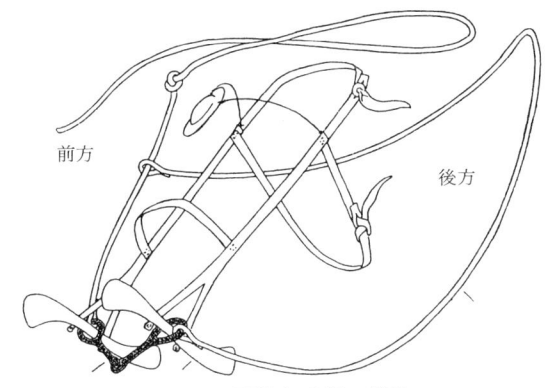

図42　頭絡と手綱の構造
アルタイ、パジリク古墳出土　左側から締めることがわかる。

行していたからなのではないか。もともと、ロープなどを口に入れる場合、通常の銜のように口中でうごくと噛み切られやすいので、下顎から歯槽間縁をしばってしまえば噛み切りにくい[川又 1994　図7]。

　銜は骨製および金属製になった段階では遺物として多数存在し、銜端に付ける鑣（鏡板・銜留・チークピース）も骨・角・金属製は遺物としてのこる。銜と鑣のセットについては、Ⓐ銜を鑣にとおすまたは手綱を鑣にとおすタイプ(図40下)と、Ⓑ鑣を銜にとおすタイプ(図41、42)、Ⓒ銜鑣一体型(図40上)、Ⓓ銜と鑣を別材でむすぶタイプ、がある。さらに頭絡全体と一緒に力学的な分類をすると、単純そうでけっこう複雑な道具なのであるがここでは論じない。現在のところ、確実な最古のタイプはⒶの骨角製円盤形、内面に突起のある鑣（図43）であると推定できる。ただし銜を一緒に出土しない。

　なお、現代では鑣が無く、銜端の環が大型になっているものがおおい。これはⒸにあたるとも言えよう。図40下に似たものも現代にあるが内側の突起は無い。

m　円盤形骨角製鑣

　円盤形骨角製鑣は、直径7〜10cmの円盤中央に大孔があり、周囲に小孔があって、内側（馬膚側）には三個ないし四個の突起がある（図43）。以下、

88　第Ⅳ章　運ばれた馬と車

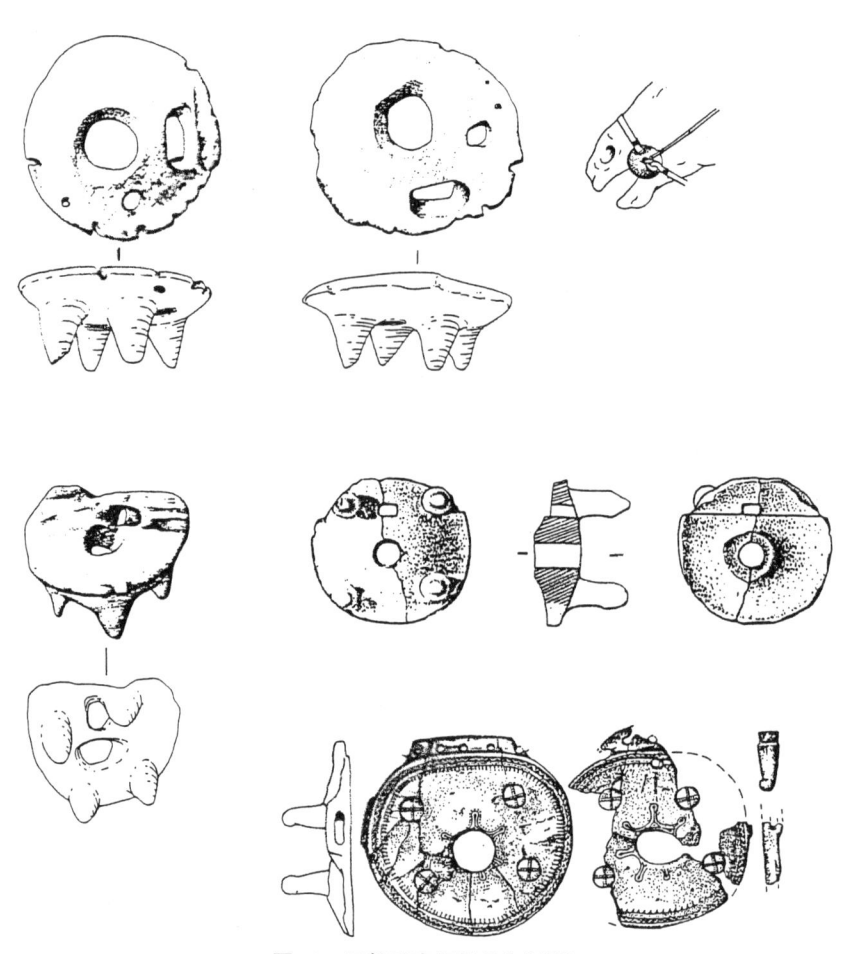

図43　円盤形突起付骨角製鑣
直径7〜10cm前後　馬頬側の突起は図40の初期金属製、また図44でも受けついでいる。

　雪嶋宏一によると［雪嶋2006］、これは中央アジアからギリシアにかけて分布する。前第二千年紀初頭に南ウラル地方で発明された。前第二千年紀前半にバルカン半島からギリシアにいたり、一方中央アジアまで拡大した。そのひろがりは馬車利用の拡大とみることができるが、騎乗用に使用されたという証拠は無い。これは、ギリシアを通じてパレスティナ・エジプトの馬車技術と関係するのではないか。パレスティナ・エジプト出土の初期金属製鑣は内側に突起のついた円盤形や車輪形の鑣である（図40下と同形がガザで出

図 44　馬形鑣　イラン、ルリスターン　前 1000 年頃

土)。

　この突起は、人が引いた方と反対側の突起が効くのであるが、①のタイプ
で、口鼻部を一周する革に突起付鑣を付けても効果はあるから(つまり銜が
有っても無くても、途中で切れても)、銜の出土が無い以上、円盤形鑣がはた
して銜をともなうものであったかどうかは(銜が無いと厳密には鑣とは呼べな
いが)最終的には未解決である。しかし、初期金属製銜に円盤形鑣の付く例
(図 40 下)があることは、やはりこの鑣に本来銜を使用したのではないかと
おもう。このタイプがひろく存在するのはやはり馬具としてひとつの完成を
みたからであろう。何であれ、ある程度まで完成しないものはひろまらない。
　中国殷墟に出現するものは、装着法がよくわからないのであるが、Ⓐの方
形タイプである。
　Ⓑのタイプは棒状あるいは角形の鑣で、開始がよくわからないが、前第一
千年紀以降中央ユーラシアでも中国でも流行する(図 41)。馬車にも使用さ
れているけれども、本来騎馬遊牧民の騎馬にともなうものであったとおもう。
始皇帝陵からも出土する(図 45)。
　ただし、棒形・角形でも中央に大孔のあるものはⒶタイプである。デレイ
フカ出土鑣状製品の一部は、もし鑣だとすればこのタイプであった。

Ⓒタイプも金属製以前から骨製が存在し、現代まである。だいたいＨ字状にみえるものである。骨角製と金属製の間に関係があるかどうかはわからない。前第二千年紀中頃からであろう。Ⓐタイプにせよ Ⓑタイプにせよ角形にふるいものが無ければ、なおさらアンソニーのデレイフカ説は否定されるし、Ⓑタイプは後出らしいからⒸタイプはⒶタイプから出たことになる。

　金属製銜は、前第十七世紀頃から存在する。初期にはⒶとⒸのタイプがある（図40）。

　なお、金属製銜の利用開始については、歯に錆が付いている出土驢骨からみて、馬からでなく驢から始まる可能性があることについては筆者も前に紹介した［藤川編 1999　pp.46-48］。年代は前2000年ころである。

　鑣は馬のめだつ部分であるから、装飾も兼ねていてデザインや紋様の変化がおおく、地域や年代の手がかりになる。美術的に珍重されるものには、大型で紋様面をひろくとったものや、全体が獣形のものなどがある（図44、46）。

n　馬面のひろがり

　鑣とならんで、馬頭部で装飾性のつよい部品として馬面（当盧ともいう）がある。

　馬面も頭絡（面繋、勒）の一部分で、馬の鼻梁から額にかけての装飾板である。似てよく混同されるものに、馬冑があるが、これは顔面をすっぽりおおう大型のもので、人間の甲冑とおなじく防御用武具である。また、中国考古学でいう馬冠は馬面より上方、額より上に立てるティアラ状の装飾板である。

　馬面の形は多様であるが、

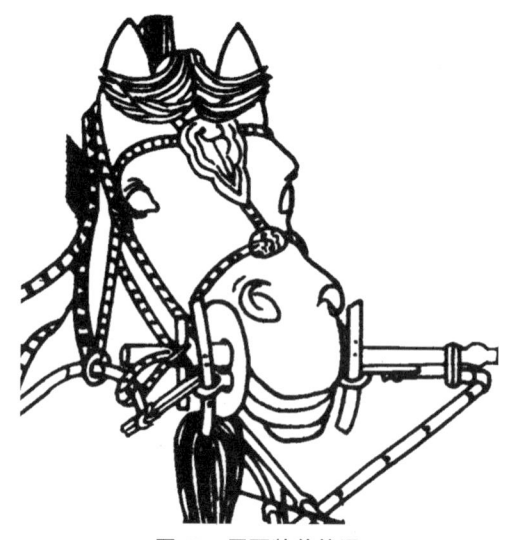

図45　馬面装着状況
陝西臨潼始皇帝陵出土銅車馬　前第三世紀

馬の顔にあわせて上のひろい台形類似形か細ながいタイプが主流である。装着状況は図45のようである。

　巽善信によると、西アジアでは前第九-八世紀にウラルトゥ（今のトルコ東端～アルメニア辺）に出現し、神像が表現してあるので、避邪あるいは神が馬に降臨するという宗教的なものであったらしい。これが前第七世紀頃には宗教性のうすまった単なる装飾として西アジア一体にひろがるようである。

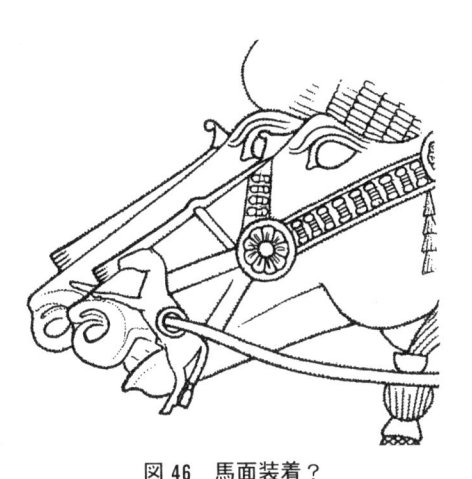

図46　馬面装着？
イラク、ニネヴェ、センナケリブ宮殿出土石浮彫
前第七世紀初頭

これには、草原地帯スキュタイからの影響があると推定されている［巽 2006　pp.35-37, 43］。前第七世紀は、筆者もアッシリアレリーフ上の騎馬術（図48）などから、騎兵初期完成期とかんがえるので、この時期の西アジア騎馬術発展のきっかけは何か、馬面が騎馬術変化にともなっているのか、ということは大問題なのであるが。なお、アッシリアレリーフの表現では、馬は横顔がほとんどであるから、馬面のことは判断しがたいのである（図46）。

　スキュタイについても、前第七世紀は、馬面のことも騎馬術のことも不明である。草原地帯では、前第五-四世紀には馬面があり、東部と西部ではすこし相違があるもののだいたい似ていて、東部の馬面と中国北方は似ている［巽 2006　pp.37-38］。

　中国北方には春秋戦国期、草原地帯と共通した傾向の馬面がみえる。

　ただし、中原では、殷代から存在するようではあるが、西周時代と漢代に流行する［巽 2006　p.38-］。

　東西両端でおなじ頃から出現しているようにみえる。木製皮革製の存在も推定できるので、残存していない資料がおおい可能性がある。資料が時間上・空間上連続している遺物ではないので、今の段階ではよくわからないことがおおい。中国中原、殷・西周時代の馬面は西方とは別の独自発生のもの

第IV章　運ばれた馬と車

であろうか。

○ 騎馬の確認

先にも述べたように、初期の騎馬は手綱以外の道具が無く、さらに手綱も無い場合も可能であり、確認がむつかしい。図像的に騎馬が確認できる最古の遺物はおおまかには前2000年ころよりすこしふるいであろう [Owen 1991 ; Bökönyi 1972]。これは西アジア都市地帯の資料で、西アジアへの馬の導入時期であり、古代戦車完成へつながる時期でもある。おなじころの草原地帯の資料が無いので追求に困難がある。

役用の中では、騎兵の開始も歴史上おおきな問題である。武装者の騎馬集団が騎兵であるが、この起原はいつ・どこであるのか。

これは騎馬初期の資料とおなじく現存資料では、西アジア定住都市地帯、今のトルコや北イラク北シリアの前第十〜九世紀ころの武装騎馬者の資料がふるいものとなる（図47）。ただ、集団でない武装騎馬人の像が騎兵といえるかどうかは慎重であ

図47　初期武装騎士　石製浮彫
上：シリア、テルハラフ、カパラ宮殿出土　前第十世紀〔ベルリンミュージアム蔵〕
下：トルコ、シンジィルリ城南門出土　前第九世紀〔イスタンブル考古学博物館蔵〕

図48 アッシリアの騎兵と大型戦車　石製浮彫
イラク、クユンジュク、アッシュルバニパル宮殿出土　前第七世紀〔ルーヴル美術館蔵〕

る必要がある。後世の事例からかんがえると、徒歩部隊の将校・斥候・伝令のほうかもしれない。また、この時期は騎馬遊牧が確認でき始める時期でもある。草原地帯の牧畜民が遊牧非遊牧にかかわらず牧畜や狩猟を騎馬でおこなっていればそのまま戦闘に応用できる技術であるから、騎馬戦闘は草原地帯起原の可能性はあるものの証拠がない。都市地帯起原を主張する説もある。伝承文献資料によれば、強力な騎兵団の運用で先に目だったのは騎馬遊牧民であって、スキュタイ人とか匈奴人はそれによって名をのこしているのであるが、近代考古学は騎馬戦術初期完成者候補として都市地帯のアッシリア騎兵をあきらかにした。アッシリア騎兵のひとつの画期は前第七世紀とみてよい（図48）。

　スキュタイや匈奴の活躍時期はずいぶん長期にわたるが、様子がはっきりわかる後期は槍類も使用するものの弓騎兵が主である。アッシリアは槍騎兵も主になっている。ただし、馬上疾駆しながら武器を使用したと即断してはならない。停止して、あるいは下馬して、戦闘したのかもしれない。

　注意すべきことは、馬文化や馬利用史の中で、諸技術の発明や馬の改良な

ど馬に関することがらは騎馬遊牧民が先進的であると一般におもわれている
のは別に根拠が無い、ということである。これはスキュタイや匈奴・モンゴ
ルの印象によって漠然とおもっているだけで錯覚であろう。馬の家畜化や馬
車発明は騎馬遊牧以前の年代であるし、馬の品種改良なども定住民の方に功
績があるらしい。漢武帝のもとめた"天馬"にしても、先の天馬は騎馬遊牧
民烏孫産の馬、後の天馬は定住農耕牧畜民大宛産の馬であった［『史記』「大
宛列伝」］。

p 馬利用習俗にみる右と左

右と左はあわせて二要素しかないので、人間の行為においてはそれが半々
くらいでよさそうである。しかし、右と左については文化において片寄があ
ることは御存知のとおりである。馬や車の習俗にもこれがあらわれている。

たとえば、英語の辞書をみると、オフサイド（offside）は本来あちら側・
むこう側の意味であるが右側という意味が派生している（球技のオフサイド
は別）。そして、こちら側 nearside は左側である。これは、off と near だけ
でもそうである。何故むこう側が左でなく右側なのか、こちら側は左側なの
か。あちら・こちら、つまり遠近と左右は関係ないのだからどちらでも良い
ではないか、とおもうがそうなってはいない。これは、側方の基準は自分に
ちかい側なのに、それが左側だからで、馬や馬車にかんする習俗からきてい
る。だから道路用語でもオフサイドは右側を指すのであって向こう側という
意味ではない。

馬と馬車は乗降を始めとしてまず左側からあつかう事が基本で、英語圏の
みならずだいたい世界中古代からそうであるらしい（図42、49）。欧米の犬
や猫・馬、ペットの本が日本の書店にもおおくならんでいるが、左側面の写
真がほとんどであるのは、左側面を動物に対する基本とする伝統によるので
あろう。

ところが例外は日本で、武家時代は右側から上下馬した。時代劇でも昔は
無頓着に西洋式に左から上下馬していたが、考証家がうるさく注意して段々
訂正している。古墳時代奈良時代からそうなのであろうか。近代トゥングー
ス人はトナカイに右側から乗降するそうで［加藤 1986］、ただしトゥングー

図49　始皇帝時代の鞍左側面
陝西臨潼　始皇帝陵兵馬俑坑出土馬俑　前第三世紀
着脱用バックルが見えるので、左側から馬装したことがわかる。

スの馬の場合も古代のこともわからないが、日本に馬文化が伝来したころの韓半島の高句麗（狛）がトゥングース系といわれることを想起する。

　左右どちらからでも上下馬できるのに、左右が固定する理由には、どちらかの手に長物（弓・杖・槍など）を持つからとか、太刀を左腰に佩く場合左から上馬すると太刀が馬に当たるからとか、さまざまな説はあるものの、自分で実験してみても、納得できる説は無い。実用上意味のあることではないのであろう。慣習というか礼式・エチケットとして固定しているのである。

　左右の判断は、上下馬シーンの絵画や俑・文献、馬具が左右どちらから着脱するようにできているか、地上で馬を引く人の位置（馬のどちら側に立っているか、ただし馬を引く人物が騎者なのか馬丁なのかで逆になる）、乗降具（片側鐙や踏台）がどちら側にあるか、による。

q 中国とその西・北方における初期馬利用

　ウマ属の骨は旧石器時代以来の遺跡からも出土し、また現在もウマ属の野

96　第IV章　運ばれた馬と車

図 50-1　ヘレクスルと鹿石
モンゴル　上：フブスグル県ゾーンゴル遺跡　下：同県オラーンオーシグ遺跡

図 50-2　ヘレクスルと鹿石
モンゴル　フブスグル県オラーンオーシグ遺跡
ヘレクスルは石を積んだ古墳、鹿石は鹿紋様の立石（本来は人形であろう）で、ともに騎馬遊牧の始まるころの遺跡であるらしいが、充分には研究されていない。

生動物は中国周辺に棲息するが、今のところ中原での確実な家畜馬初現は、前1300年ころの殷墟出土骨である［中国社会科学院考古研究所編 1988　p. 187］。中原外では、王魏によると甘粛・青海地方の斉家文化遺跡出土馬骨が中国最古（前2000年ころ）である［早稲田大学シルクロード調査研究所編 2001 p. 10］。モンゴルでは、ヘレクスルという積石塚と鹿石という立石遺跡（図50）にともなう埋納馬頭骨（前1000年ころ？）がふるいものであろう［林 2000；2002；草原考古研究会HP］。これはモンゴルでの騎馬遊牧成立時期の遺跡とかんがえている。

殷墟の馬は古代戦車牽引用であり、その車輌の構造は草原地帯系（一本轅、基本型、広軌幅広車体、長車軸頭、多輻大型輪）である［川又 1994　p. 83-］。中原では馬も車輌もその出現は西アジアや中央ユーラシアに比較して年代がおそいし、輻式以前の原始的なタイプの車輪がみつかっていない。

また殷周時代に、馬そのものは存在するにもかかわらず、青銅器紋様（各

種動物を変形・合体したいわゆる饕餮紋（とうてつもん）など動物紋様を主とする）に馬の要素が無いこと、また漢字の馬関係字には牛羊犬のような宗教的意味を持つふるい字（犠・牲・義・獻など）が無いことに気づく。これは、馬が外来の動物なので殷周本来の宗教体系に入りきっていなかったことを示すものではないか。馬が後来であるエジプトなども似た現象がある。

　また河南偃師二里頭遺跡の轍跡［許 2004］と偃師商城遺跡の轍跡［中国社会科学院考古研究所河南第二工作隊 1998］、鄭州商城の車部品鋳型出土［河南省文物研究所 1989］は、詳細が確認できれば、殷墟以前の車輌存在の可能性をしめすものである。轍跡と橇跡を見分けるのはむつかしそうである。

　騎馬の風については、中国では、殷代からや春秋時代からをいう説もありその可能性は否定できないが、確実なところは戦国時代、前第五世紀からである［林 1972　p.431；山東省博物館 1977　p.90］。前第四世紀末趙武霊王"胡服騎射"（騎馬遊牧民の服装と騎馬射術を取りいれたこと）の話がつたわるが、その詳細を確認する資料は無い。始皇帝陵兵馬俑等からみると、前第三世紀後半には戦車部隊と騎兵は併用されている。戦国時代の青銅製鏡紋様（図51）や始皇帝陵兵馬俑には鞍（図49）があるので、騎馬の風の存在をさらに確実にいうことができる。

　また、最近湖北天門石家河文化鄧家湾遺跡（前第三千年紀後半）で騎驢像？とされる粘土小像が出土している［譚編 2001　p.25］。これ一点だけで何か判断することはできないが、そのとおりなら殷墟の馬利用に先だつ驢利用をかんがえることになる。甲骨馬字・殷金文馬字が馬より驢に似ていることにもそのような説明ができるのかもしれないが、今のところは何とも言えない。メソポタミア

図51　青銅鏡紋様騎馬像
伝河南洛陽金村出土　前第三世紀〔永青文庫蔵〕
鞍の存在がわかる。

で、驢字が馬字に転用されていること〔川又 1994 図27〕を連想してしまう。

中国北方については、中国文献によれば前第四世紀から、遺物から判断すれば前第八世紀には騎馬の風がある〔図52；高濱 1997〕。中国北辺への騎馬遊牧民出現は中国文献によれば前第四世紀戦国時代で（もっと北方ではそれ以前に騎馬遊牧が始まっていたようである）、この騎馬遊牧民はすでに騎兵中心に軍事化していた。これが"胡"である。

しかし、中国とその北方については、牛・驢の利用をふくめて、馬利用開始に関して今なおはっきりしないことが多い。家畜の系統も明確ではない。今後の課題の多い地域である。

図 52　騎馬像つき銅環
内蒙古寧城南山根第三号墓出土　前第八世紀頃
約 5 cm×5 cm の D 形環上に騎馬による兎狩？が表現してある。墓主は成年女子で宝貝 100 個も副葬してあった。

r　馬利用拡大の意義

馬が野生棲息地をこえて最初拡大したのは、前第二千年紀、古代戦車（戦闘狩猟用の二輪馬車・チャリオット）完成によっての牽引用としての利用によるもので、ブリテンから黄河流域まで似た構造の古代戦車が出土するようになる。ものごとは完成してから拡大する、とは言えるであろう。騎馬開始は不明であるが、騎馬普及期は前 1000 年以後で、これは騎馬遊牧民がめだってくる時期と軍事史上の騎兵出現時期にちかい頃である。

馬は、交通・運輸・農耕・軍事に利用され、あるいは神を騎せ、神の車を牽引し、死者の魂をのせて天にのぼり、死者とともに墳墓に埋葬され、王侯の外交また儀式で贈答される。馬肉はランクのたかい食料であった。戦場で人と生死を共にし、英雄・名将の伝承には名馬がともなっている。馬は人や物を運ぶ動物、と一般にかんがえるしそれはまちがいではないが、本来の棲

息地を離れて世界中に馬がいるのは、"運ばれた馬"でもあるからで、これを探求すれば、ふるい遠隔地交渉の状況があきらかになる。

第Ⅴ章　去勢の風は東伝したのか―複雑な事物の伝播 2―

a　去勢をめぐる問題点

　筆者は従来、初期馬利用を東西交渉史の手がかりにとかんがえてきた中で、馬去勢は初期の段階ではおこなわれていないので注意を払わなかったのであるが、最近去勢について質問をしてくる人がおおく（多分佐原真さんが去勢のことをつよく論じたから興味を持つ人が出たのであろう）、またパジリク古墳群の副葬馬が去勢に関して問題であるので、ユーラシア東部での初期去勢の様相をしらべ、起原を考察してみた。去勢は西方がふるいことははっきりしている。

　去勢の風の存在は、人間と家畜両方にかかわり、さらに地域上アフロユーラシアにひろくまたがる歴史上おおきな問題である。人間の場合、去勢された役人をさす"宦官"という名称は高等学校教科書にも載っているほどであるように特に中国政治史上において有名な現象であるが、西アジア史でも同様である。家畜の場合はおおくの地域で、経済・生業の根幹としての家畜飼養、また畜力農耕・交通・軍事の諸技術において、それぞれ重要な要素である。去勢に関する研究はこれまですくないとは言えないものの、その起原と初期の状況については今までのところよく研究されてはいない。

　以下、本書では、"去勢"とは、男・雄性の去勢をいうものとし、女・雌性の去勢は対象としない。具体的には、精巣を除去もしくは毀損することである（その施術方法については［佐原 1993　p. 119 以下］等を参照）。また（被）去勢者について、ヒトの場合は中国古典から宦者という名称をとり（ただし宮廷制度などについては一部宦官の名称も使用する）、家畜の場合は去勢畜、種別には去勢馬・去勢牛・去勢羊、等と呼ぶことにする。不去勢馬、未去勢雄馬、等の従来使用されていない名称も使用するが、去勢か否かから問題が発している故である。

　本書で人間の場合と家畜の場合を一緒に論ずるのは、去勢の起原における

両者の関係が別のものか否かわかっていないので、ひとまず一緒に考察してみることから出発するのがよいとかんがえるからである。両者の去勢起原について従来、人間が先との説と家畜が先との両説があるが、いずれにせよ、どちらかが元で他に応用されたとかんがえられているようである。

去勢について、日本では古く桑原隲蔵や服部宇之吉による論考もあるが、近年の研究として、三田村泰助などによるいくつかの研究を挙げることができる［三田村 1963；Maekawa 1979・1980；寺尾 1985；佐原 1993；渡辺 1995他；三浦編 1995；谷 1997；しにか 2000］。三田村・渡辺・寺尾・しにかは宦者のみ、他は宦者と去勢畜両方をあつかう。前川は去勢の文献資料初見をあつかうが、その他は佐原がすこしふれる以外去勢についての論考といってもその開始や初期を論ずることを目的とした研究ではない。地域上は、前川と渡辺の研究は西アジア、谷は西アジアからヨーロッパにかけて、佐原・三浦は世界中をとりあつかうが、他は中国を対象にしている。

ヨーロッパ人による最近の研究は、後述するように、ヨーロッパ新石器時代去勢畜の存在を明確にしたことが成果である。

中国では、宦者についての通史的な出版物が近年いくつか出た［顧他 1992；余 1993；王興亜他 1993；王玉徳 1994；杜 1996；王華文 1997］ものの、先秦時代すなわち始皇帝統一以前の中国の分としては、黄帝云々の伝説と『後漢書』「宦者伝」、そして後述の甲骨文字資料と春秋斉桓公の話を枕として引くくらいで、その起原に関して参考になるものはない。根拠はしめしていないがだいたい宦者は"夏商時期"から、としている［たとえば、余 1993 p.1］ようである。家畜去勢についてはあまり研究が無いが、宦者と同じく漠然とふるくからあるとしているようである。

この問題にかぎらないが、現在の中国の研究者は黄帝や五帝などを伝説として枕に引いているのか史実としているのか、読んでいて判断にくるしむところがある。あるいは古典の作者についても、たとえば、『周礼』を伝承どおり周公の作として『周礼』にあるから周公の時代（西周初期）とするなど、である。

本書ではまず、今のところ中国よりふるくから去勢の風が確認できるユーラシア西部のことから簡単にみることにする。もとより過去に存在したこと

と資料に残存してわかることは別の問題であるが、よりふるい資料のある方を先と仮定して出発する。起原をかんがえると、外来伝播と独立発生の両方の可能性がある。伝播したとすれば、ふるい方からになるし、独立発生なら、あたらしい方がふるい方と無関係であることを論じなければならないので、ある地域を論ずるにも他地域を無視することはできない。

去勢技術存在を知る根拠になる資料は種類別にいえば、文献・図像・遺体（主に骨格）、である。民俗は本書のような時代では有効でない。このそれぞれについて検討してみることにする。

b 去勢の目的

生物体にとっての去勢とは、男雄性ホルモンの喪失・減少、である。その結果、身体形質の変化（通常の成長とことなる成長・加齢パターン、特に第二次性徴出現前に去勢すれば変化が明確である）とそれにともなう気質・行動の変化、がおこる。実用上はそれをいろいろな目的に応用する。

応用の例を牧畜の場合で挙げると：畜群の管理（発情期の競合・喧騒を避ける；支配の仲介者たる群誘導羊をつくる）、肉質の改善（牡臭除去；筋繊維を細かくする；脂肪蓄積状態の変化）、気質の改善（攻撃性を減らす；従順性を増す）、品種改良、等である。

畜群の管理とは次のようなことである。家畜飼養の一方法が牧畜、牧畜の一形態が游牧/遊牧、であるが、牧畜は群を自然群よりも大群にして維持しながらの放牧を技法とすることから、去勢をすると発情期の競合を避けて大群を維持管理しやすくなる。そこで牧畜研究において、牧畜は去勢なしでは成立し得ない、との説がでている（家畜化のすすんだ牛・豚にはシーズンの無い品種もあるがそれは近代畜産の場合である）。これは群をおおきくする必要が生じた、もしくはその逆に技術が生じて群をおおきくした、という段階が家畜飼養民にあったからであるが、このあたりの状況はいまだによく判明していない。

しかし、牧畜初期には、雄畜から食用にあてることで、雄畜数を減らす問題は解決していたであろうから、群管理技術としての去勢必要度は小であったろう。たとえば、イラン西部のガンジダレ遺跡では、家畜化初期の出土遺

体が、山羊の幼獣はほとんど雄、山羊成獣はほとんど雌であった。これはラッカム［ラッカム 1997　p.91］によるが、年代についてはこまかく書いてない。同遺跡の動物遺体原報告書も参照できないでいるが、別のスミスによる遺跡紹介［スチュアート編 1986　p.53］からみると、レヴェルD（新石器時代初期、前第八千年紀後半）のことであろう。また、家畜化初期には群も後世ほど大きくなかったようである。

　そうすると、わざわざ去勢をして生かしておくことは、役畜とする以外には去勢を特に必要とする実用上の目的が無いので、去勢は家畜の非屠殺的用途と関係があるにちがいない。家畜を役畜として生かすなら、家畜飼養は食用のみの目的ではなくなってくる。また、気質の改善例を、馬の場合でいうと、不去勢雄馬（種牡馬・有睾馬）は去勢馬（騸）や雌馬と比較した場合、運動持久力があり、病気につよく、成長が早く、闘争心がつよく、勘がよい。したがって、戦闘・猛獣予知・厳寒期使用などに適しているとのことであるから、単純化していえば、去勢すればこれらの点が弱体化するわけである。

　人間の場合は、去勢による心身の変化とその利用が、征服・刑罰・君主の身辺係（支配の仲介者へ）・後宮の管理者・宗教的決意の表現、などの諸問題として論じられている。

　"宦官は、男でもなく女でもなく、大人でもなく小人でもなく、悪人でもなく善人でもない……逆にそのすべてでもある"［三田村 1963　p.18］。いずれにせよ、ある時期からは、中間的な、文字どおり中性的な存在をつくるのが去勢の目的になったのである。そして、君主側近としての宦者のありかたと牧畜における羊群誘導羊のありかた、つまり中間管理者をつくるための去勢、中性者としての力、が人間と家畜に社会制度上共通の面として指摘されている［谷 1997］。これは起原問題とは別のことであるが、去勢利用の完成状態における人間と家畜共通要素という点では重要なことであろう。

c ユーラシア西部における初期去勢

　現在の研究では、西アジアやヨーロッパにおいては、中国より古くから去勢の風があるとされている。これはまず家畜史研究から出てくる結論である。どのようなことからか、雄畜の精巣喪失による気質・行動の変化が気づかれ、

まず使役に良いとかんがえたか群の維持に良いとかんがえたか両方か、人為的に去勢するようになった。

　家畜についてはヨーロッパ新石器時代、前第四千年紀後半から去勢牛による牽引があるという［Bogucki 1993　p. 493］（もっとふるく前4000年より以前からの羊や牛の去勢存在をいう説もある［Piggott　1983　p. 35；江上・佐原 1990 pp. 175-176]）。切除手術を仮定する場合、新石器時代段階で、石器で切開すること自体は刃の鋭利さとしてなんら問題は無いし、切除以外の方法もあり得る。

　これらは確実な現代去勢畜から出発する統計学的な骨学研究（骨や角の成長パターンにおこる変化）にもとづく結果がまず出土骨と比較検討され、それが家畜の利用技術の進歩、すなわち家畜を屠殺して利用する肉・皮・骨などだけの利用段階（この場合家畜飼養といっても動物利用方法においては狩猟と差異が無いのである）から、乳・力・毛など屠殺せずに生かしておいて利用する段階、非屠殺的用途への技術進歩、にともなう現象として主張されているものである。生かして利用するのでなければ、食用にするだけなので去勢する必要は無いからである。実は、骨学によるだけではないらしい根拠もある。役畜としては、不去勢の牛は荒々しすぎて使役できないから、とヨーロッパ人はおもいこむようである。日本では近代以前、不去勢で使役していたのである。

　人間については、西アジア、メソポタミアのシュメル地方（現イラク南部）前第三千年紀後半の楔形文字資料において、若年の去勢牛・去勢ウマ科動物を示すらしい単語 amar-KUD が人間の去勢された若者に転用されていることから、前川和也は去勢畜と宦者両者の存在を推定している［Maekawa 1979・1980］。去勢の存在をしめす文献資料としては今のところ、これが世界最古である。また前第三千年紀中頃の"ウルのスタンダード"の絵に渡辺和子はカストラート（去勢歌手）の存在を推定している（図53）。ウルは現在のイラク南部にある新石器時代以来の遺跡で、聖書にいうカルデアのウルである。スタンダードとは、発掘者がこの遺物を当初、軍旗・馬印とおもってそう呼んだので学界でそのまま踏襲しているのであるが、実際には竪琴の共鳴箱とも言われるが定説は無い。この表面にシュメル人の生活情景をえがい

106　第Ⅴ章　去勢の風は東伝したのか

図53　シュメルの去勢歌手？(右端)　ウルのスタンダード　部分
イラク　ウル　PG (RT) 779 墓出土　石・貝モザイク　前第二十六世紀〔大英博物館蔵〕

たモザイクの絵がある。

　それより後代、アッシリア（現イラク北部）宮廷の宦官制度は、文献資料だけでは前第十四世紀から推定されているが、さらに、前第九～七世紀ころの新アッシリア楔形文字資料と男性名だが鬚のない高官の図像からも、渡辺和子は宦官 ša rēši（原義は、ヒゲ無し、の意）の存在を推定している［渡辺 1995；1999　p. 317］。通常の人名表記にある"某某の息子"が宦官には無いそうであるから、血族よりも王の庇護下にある、の意であろう。アッシリア王と宦官には、強固なむすびつきがあったそうである。新アッシリアの宦官制度は北方であるハッチ（ヒッタイト）から導入された、との説もある［渡辺 1998　p. 291；Deller 1999　p. 310］。

　ともかく前第二千年紀後半にはハッチやアッシリアに去勢の風がある。前

第二千年紀末までに、馬の去勢についてはイランでも存在が推定されている [Moorey 1971 p.102]。前第一千年紀、アッシリア王宮レリーフと壁画の馬はほぼ全頭不去勢馬であるが（図48）、表現物と実態は同じなのであろうか。ハハーマニシュ=ペルシアの宮廷宦官と去勢畜についてはギリシア古典にもおおくあらわれている [ヘロドトス III-76〜77・IV-43・VI-32・VIII-105〜106；Xenophon VI-4・VII-5 など]。アリストテレスは、去勢手術年齢によって、術後の変化が一様でないことも述べている [アリストテレス III-11・IX-50]。前第一千年紀の去勢の風存在について疑問は無いであろう。

別のことであるが似たこととして、佐原真は、瀉血（治療目的で血を出すこと）を家畜から人間に応用したものとかんがえている [佐原 1993 p.81]。同様に、去勢も、家畜に始まって、人間に応用したものであろうとみる人が多い [謝編 1985 p.84]。

d 中国西・北方周辺地域における初期去勢

第III章 i・j でもふれたアルタイ山脈のパジリク古墳群（現ロシア連邦アルタイ共和国内）とその周辺シベ古墳群等には内部の凍結した古墳があり、通常の発掘では消失している有機物製遺物が多数出土した。その中でも、副葬馬についての報告は、馬体の遺存状態のよさ、そして場所・年代（前第四世紀前後、いわゆるスキュタイ系文化期）からいっても、ユーラシア東部における馬の去勢開始あるいは初期を示すらしい重要な資料である。しかし議論は混乱している。

"パジリクにおける貴人墓中のすべての馬は去勢馬である、ただの一頭も不去勢雄馬や雌馬は出土していない、ストラボーンによればスキュタイ人は去勢馬にのみ騎った……今もカザフ人では貧民のみが不去勢馬や雌馬に騎り、裕福な者は去勢馬にのみ騎る、これはアルタイ人でも言えることである……" [Rudenko 1970 p.118] と、発掘最終報告書では、出土馬が去勢馬であるという結果のみが報告してある。有名な凍結古墳であるから馬体の外観ですぐ判断できたのであろう、とおもったりするが、別に出版しているヴィットの馬遺体についての報告 [Vitt 1952] によると、骨学によってであるという。ヴィットは、出土馬が全部去勢馬とは言っていなくて、体高のたかい

馬のみが去勢馬であるとしている。英語版の前にロシア語版の発掘報告書が1953年出版されており、このロシア語版でもすでに全頭去勢馬となっているという［雪嶋宏一による；なお、ロシア語版と英語版の関係は単なる翻訳ではない］。いかなる事情によるかはわからない。全頭去勢馬というのはやはりどこかでおこった誤伝ではないか。ヴィットは体高のたかい馬のみを騎乗用去勢馬として他の用途の馬とは別、と推定したらしいので、この騎乗用のみという部分がルデーンコの頭の中にあってそれが独人あるきしているのではないか。

パジリク去勢馬のことを日本でくわしく紹介したのは林巳奈夫［林 1960 pp. 400-405］で、ヴィットのほとんどの表とグラフを引いてこまかく検討している。ヴィットの研究について全面的に納得してはいない。ついで、佐原真［佐原 1993 pp.22-26］もくわしい紹介をして（ただしヴィット直接でなく［Hančar 1955］によってとのこと）全出土馬が去勢馬との説である。

アッシリアのレリーフや壁画（図48）、エジプトの壁画、ギリシアの壺絵、後述する中国文献の"四牡"、ダーラヤワウ（ダレイオス）が蹶起のとき馬丁オイバレスの才覚で王位につく逸話［ヘロドトス III-85～87］、などからわかるように、去勢技術のある時代をふくんで、古代人は一般に、あるいは特に武事においてか、不去勢雄馬を使用した（しかし何時からか——これがわかっていないので問題なのであるが——去勢馬も使用するようになった）。そのような状況の中で、特にユーラシア東部ではこの年代で今のところ他に確実な去勢の資料が知られていないので、馬についてのみならず去勢一般として、パジリク古墳群出土馬は最古の資料のひとつとして重要なのである。

そして現代人は一般に馬の幼去勢はしないのであるが、パジリク古墳出土馬をめぐっては、体高のたかいパワフルな馬を得るために幼去勢（2歳）したという説がヴィットとルデーンコにより主張されて、支持されている［Rudenko 1970 p.57；佐原 1993 p.128など］。これは、古代でも、去勢をすると動物がおおきく成長するという説があった［アリストテレース IX-50］がそれ以来の見解である。

パジリク古墳群出土馬の、全部、が去勢馬である、という説については、ヴィットの原報告書とルデーンコの発掘報告書がちがっているのではないか

図 54　グリャズノフによるパジリク古墳出土馬装復原図
アルタイ、パジリク第1号墳出土　前第五-四世紀

という点のほかにも原理上の疑問がある。

　馬のみならずどの種の動物も同じことであるが、馬は種としてはひとつの動物であるとはいえ、その体の大小やプロポーションにはずいぶん個体差がある。骨の寸法とか形態から去勢を論ずるには、その遺伝的にちかい群（同一品種）のなかでの雌・雄・去勢馬/成長各段階の相対比較がなされなければならないのではないのか。それでは、出土した全部が去勢馬である、というならば、いったい、何と比較したらそうわかったのであろうか。全部が雄とか全部が雌とかならばまだ信用できようが。

　骨から去勢を判断するのは、要するに幼去勢の雄が成長しても雄性化していかない、それなのに雌でもない、という現象から推定できるのであるが、犬歯の有無で雌雄を判断するような絶対的な基準（実はこれにも例外がある由）ではなく、連続した数値を統計学的に判断するのであって、同一品種内の雄・雌・去勢馬三者の骨が必要であろう。さらに、以下のようにも疑問がある。

　何故、骨以外の軟部のよく遺存している凍結古墳なのに、軟部についての

言及がないのか。また出土馬体の全頭の軟部を取りさって骨の精密な計測をしたのか。ヴィットが体高別に分類したパジリク古墳出土馬は四十六頭のみで、ルデーンコの報告書では全部で五十八頭出土である。エルミタージュ美術館に陳列してあって諸書に写真が載っている有名なパジリク古墳出土馬体は皮がついているが、精密に骨を計測してまた軟部をかぶせたのであろうか。また、最初の発掘者であるグリャズノフによる馬装復元図（図54）は不去勢雄馬のようになっている。これは出土馬体実物をみてえがいたのではないであろうか。

　要約すれば、幼去勢すると骨端の化骨が遅れて長骨が伸びつづけるので、体高のたかい馬を得るために幼去勢をしたのだ［佐原 1993　p.25］、と説明しながら、体高別に分類したヴィットの全群の全頭が去勢馬だというのでは、去勢しても体高がひくいままの馬がいることになるのではないか。あるいは、ひくいのは熟去勢というのか（しかし幼去勢と主張されている）、本来もっと小型の品種であったというのか。

　日本の獣医学専門家に問うたところ、去勢により長骨がほそくなる傾向というか、ふとくならない傾向（不去勢雄は骨がふとくなる）はあるものの、ながくなるというのはどうかわからない、との教示である。大型になることはない、ともきいた。ある獣医師からは、現代普通におこなわれている成長期終末ころの去勢では性のストレスがなくなるからか、すこし大型になる（ただしすでに雄性化しているから骨の形態としては区別がむつかしい）、とも教示を受けた。長骨がながくなる説とは逆に、幼去勢するとおおきくならないから成長してから去勢する、との話もモンゴルでの聞書にある［蓮見他 1993 p.79］。来日したモンゴル人獣医学者も、あまり若年で去勢すると成長が阻害される、と述べている［芒来他 1998　p.66］。動物種と施術年齢によって術後の経過が同一なのではないらしいが、筆者には判断のつきかねる話であり、専門家のさらなる教示をねがうところである。

　ただ、大型哺乳類は一般に、人間もふくめて、男雄性の方が筋骨が発達して大型であるから、去勢した結果おおきくなるという説は筆者には疑問である。しかし、男雄性としての完成がおくれるので、その分成長が止まらずに

d 中国西・北方周辺地域における初期去勢　111

図 55　スキュタイ人の未去勢雄馬使役例　銀製（一部金）壺　部分
ウクライナ、ソローハ古墳出土　前第四世紀

さらに伸びる、ということなのか。

　ここで述べたいことは、パジリク古墳群とその周辺に馬の去勢が無い、ということではない。先に述べたように他の家畜にも人間にも既に去勢があるのだし、クセノポーン［Xenophon Ⅶ-5］などからしても、この時期には馬去勢があっても、おかしくはない。パジリク古墳群はスキュタイ系文化であるが、すこし後代のストラボーン［Strabonos Ⅶ-4］はスキュタイ人が去勢馬に騎ると書いている（［Plinius Ⅷ-66］は雌馬だというが）。馬の去勢をおこなっていた可能性は有るが、根拠が不分明である、ということである。"全部"というのもおかしいであろう。

　またスキュタイ系遺物には、不去勢馬の騎乗を表現したものがいくつもある（図 55）。ただし遺物産地の問題があるので、簡単に結論を出すことはできない。

　先のアンソニー（D. W. Anthony）主催の Institute for Ancient Equestrian Studies *Newsletter* No. 3（1996 年秋号　p. 5）において、古代車馬研究の老大家リタウエル（M. A. Littauer）は、"ヴィットは骨学以外の根拠、凍

結により保存された軟部についても知っていた”とし、“クセノポーンのイランに関する記述などからしてもそのころ馬去勢はあったのだし、ステップのような大馬群を飼育するところでは去勢をおこなっていたにちがいない”としている。リタウエルは、長骨は幼去勢によりながくなる、プロポーションは変化してすらりとなる、との説である。

　なお、牧畜民は去勢をよくおこなう、との説が流布している。全部する、と誤解している人もある。しかし、筆者が1994年と1995年、ウズベキスタンとクルグスタンを旅行中、確認できた騎乗中の馬はすべて、と言っても今はもはや騎馬者の数はおおくないしその中で確認したのはまたすくないが、不去勢雄馬であった。ウズベキスタンについては、菅谷文則とタシュケント留学中であった川崎建三も筆者とおなじ観察結果である。アフガニスターンについては松浪健四郎がブズカシ競技調査でかなり丹念に見てまわって去勢馬をみていない［松浪　1978　p.136〜p.140］。この地域は誰もがみとめる牧畜のさかんな地帯である。

e　中国における初期去勢—甲骨文資料より

　中国における文献資料の最古は、いわゆる甲骨文資料である。殷（商）代後期、すなわちおおまかには前第十三〜十一世紀に属するもので、漢字の先祖である。この甲骨文資料にすでに去勢に関するらしい図56の文字 ✶ がある。

　甲骨文以前の段階の文字については新石器時代以来いくつか候補として議論されている資料はあるが、現在のところ、文章として解読できる、すなわち歴史資料として利用できる資料は甲骨文からである。

　なお、本書での中国古代史の時代区分は次のとおり通常の王朝区分にしたがっている。年代もこまかいことが必要な場合はその都度しるすがおおまかなことはここへしるしておく。

　中国の初期王朝は伝承としては、春秋時代にすでに“三代”と称されていた。すなわち、夏・殷・周、の三王朝である。三代以前には“五帝”など各種の伝承はあるが、その時代は本書では新石器時代末期とする。夏王朝の実在性については、現在、有無両論があり、考古学上も確認されていないが、

e 中国における初期去勢 113

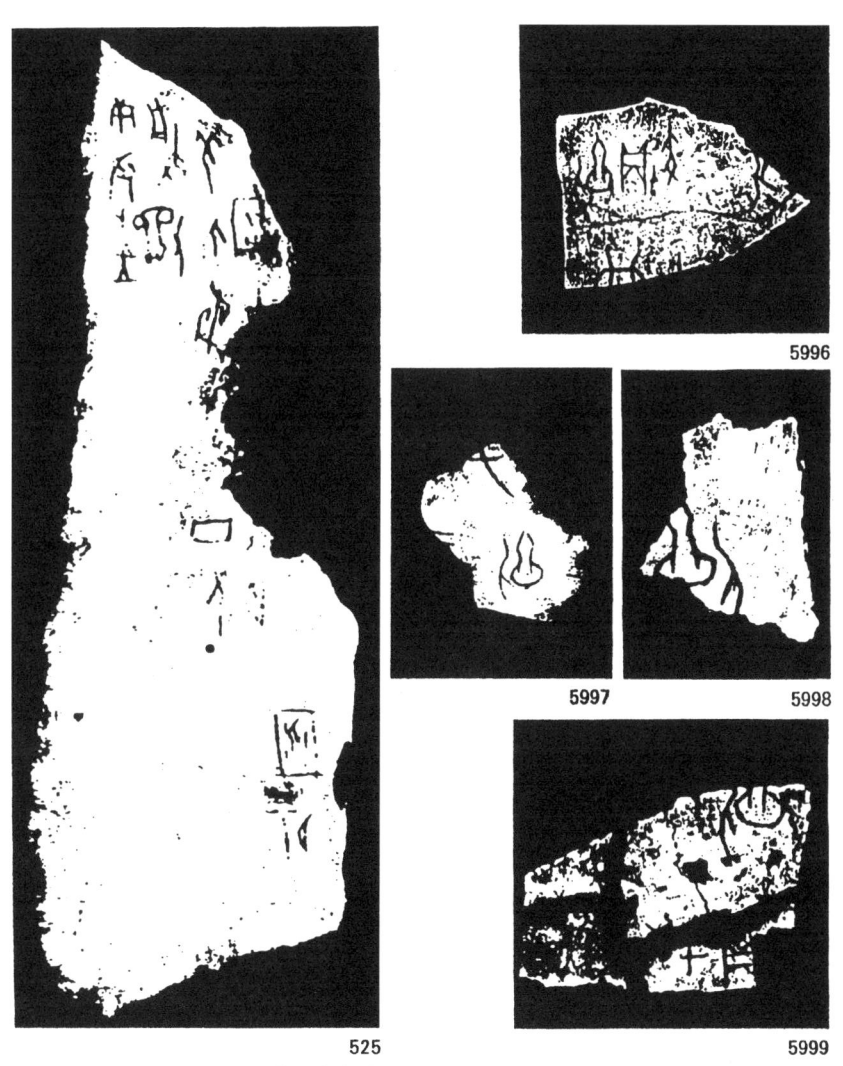

図 56 甲骨文 去勢字　河南安陽殷墟出土　前第十三世紀

114　第V章　去勢の風は東伝したのか

　実在を主張する説のおおくは、年代上前第二千年紀前半をあて、河南洛陽付近を中心地とする。春秋以後にいう"夏"王朝が実在してもしなくとも、それに相当する考古学的文化段階のあることは確実なことである。

　殷（商とも称される）王朝時代の初期ははっきりしないが後期は遺跡も確実にわかり、だいたい前第二千年紀後半をこの王朝にあて、考古学上は夏より東方である河南鄭州・安陽を中心とすることが確認されている。周王朝はそれよりはるか西方現在の陝西西安方面を本拠地とする。つまりこの三王朝は出身地からちがうので、王朝形成以前にもそれぞれ独自の文化を持っていた。

　周王朝時代は前第十一世紀から前第八世紀中頃までを西周時代と呼んで、あとの東周時代と区分する。前第八世紀中頃からの東周時代は洛陽が首都であり、その前半前第五世紀中頃までを春秋時代、後半始皇帝統一（前221年）までを戦国時代という。このあとは、秦・漢（前漢・西漢とも）・新・後漢（東漢）・三国時代である。始皇帝統一以前を先秦時代という。

　現在、絶対年代としては、西周前半以前は未確定で研究者によりすこし差異（殷と周の境で最大百年くらい）がある。

　殷代後期の甲骨文字に次のように読まれる資料がある。

　　庚辰卜、王、朕〔字〕羌、不□囚（死？）……（図56　525）

　庚辰はカレンダーの日である。"庚辰の日に卜占をおこなって、殷王が以下のように貞問した、羌を〔字〕するに死せざらんか"と（以下破損により不明）。羌は殷の西方にいた民族で、殷人は羌人をしばしば捕虜にしてきて犠牲に供した。

　羌の上の字〔字〕が今問題にする文字である。これは相当する字形が後世の漢字に無いが、強いて現代字形に書きなおせば、土に刀（リ）、であろう。"土"の形にしたのは、この字形には実は原形が二種類あり、たとえば現行社字の右側の土は音ト（慣用音ド・和訓つち）であるが、牡字の場合右側の土は雄性器であって"つち"ではない（図57）からである。刃物のかたわらに斬る対象である"土"が置いてある点は、刖・劓字や伐字と同構造であり、この字はおおくの研究者がかんがえているように去勢を意味する字であ

ろう［白川 1975 p.552 他；籾山 1980 p.25 など］。ただこの問題の𧘇字と図57では形がちがうが、人間と他動物のちがいであるかもしれない。

図57　甲骨文　牡字
左から牛・羊・鹿・馬の雄　河南安陽殷墟出土　前第十三世紀

土とちがって𧘇字の方は他に例がないので説明できない。

　𧘇字は佐原真が世界中の去勢施術のやり方を分類している中での、全体を除去する"B去勢"であろう［佐原 1993 p.120］。中国では後代、人間はB去勢、家畜は精巣だけを除去する佐原分類の"A去勢"であるが、それがもう、あるいはこの時代から、始まっているのか。そしてこの文章は破片なので全体の意味は不明ながら、羌人の去勢に関するものであることはわかるし、祭祀に関係するであろうこともわかる。ただし、去勢処理行為"羌人を去勢する"であるか、処理後の状態つまり"去勢してある羌人"の意味であるかは、これだけからはむつかしい。この字はあと四片の甲骨で知られるがみな文章をなさない破片であることが惜しい（図56　5996～5999）。

　この羌人をどうしたのであろうか。単なる祭祀の犠牲であろうか。それとも後世いうところの宦官として使役するためなのであろうか。殷王朝において捕らえてきた羌人を多数犠牲に供したことはすでに甲骨文の解読によって周知のことであるが、使役された羌人もいたことは主張する説がある［白川 1975 p.614など］ものの、なにしろこれは宦官？　についての孤証である。籾山明は、この去勢を、殷代においては法制上の刑ではないが隷役するためであるとした［籾山 1980 p.25］。羌人の元の身分にもよるかもしれない。三田村はこの𧘇字を去勢の意味としながらも、刑としての宮刑は周代からとしている［三田村 1963 p.33］。

　身体のどの部位を斬るか、何のために斬るか、斬ってどうするのか。資料がすくないので後の時代のこととあわせて考察してみるしかないが、死刑にせよ犠牲にせよ、斬首・腰斬、甲骨伐字は斬る場所こそちがえ、目的は殺害である。しかし、刑罰あるいは報復としての刖（脚きり）とか劓（鼻そぎ）などは、肉体の一部分を毀傷するのではあるが殺害が目的ではない。もとよ

り、傷が小さいから死なないというものでもないので、ゆっくり死なせるためということもあり得る（去勢、なかでも佐原分類のＢ去勢は切除するのが肉体の一部分のみであるとはいえかなり危険なので初期には結果として死ぬこともおおかったであろう）。傷つけてすぐには死なせず苦痛をあたえることが目的なのか、処理後に何か使役を予定していたのか、目的ではないが傷つけた結果まだ生存しているからついでに何かに使役しようというのか。なお、ここで論じていることは生きている人間が対象であって、戦闘時に敵をたおした証拠として耳や鼻を取ることとはちがう。たとえば、『左氏伝』宣公二年では鄭国が宋国の捕虜百人の耳を斬るが、これは生者の耳を斬っている。

　対家畜から始まったと仮定するならば、去勢とは殺すためではないのであろう。人間社会の刑罰体系もあわせて考察する必要があるとおもうが、中国古典には"五刑"とよばれる五種の身体刑（肉刑）が伝承されている。墨（黥・剠とも、顔面の入墨）・劓（鼻そぎ）・宮（去勢）・刖（剕・臏とも、脚きり）・殺（死刑）、である［『周礼』「秋官司刑」・『漢書』「刑法志」］。他に、髠（髪そり）［『周礼』「秋官掌戮」］・耴（耳そぎ）［『尚書』「周書呂刑」］、もつたえられる。これら古代の身体刑として伝承されるものの中では、死刑は別として、去勢が人畜に共通する処理方法である。墨・髠・耴刑は家畜の烙印・耳印にあたるものとしても、刖が家畜処理に無いのは、脚を切断すれば役畜として役にたたなくなるのだから無いのは当然である。人間の刑罰と家畜処理が何か共通のイメージを持っていたかもしれないのは、漢代囚人を刑場に移動する時、檻車（禽獣をいれる車）や厨車（食物運搬車）で運んだ［富谷 1995 p.90］ことが暗示しているかもしれない。

　家畜の去勢はその死が目的ではなく、処理後の用途が前もって予定されているものである。家畜去勢が先にあって、後で人間に応用されたならば、やはり後の用途が予定されていたのであろうか。人間の場合、対捕虜や対罪人から始まるならば、憎悪をともなうものであろうし、死が目的でないにしても、死んでもかまわないという乱暴なものであったかもしれない。死が目的であったか単なる結果であったかが問題である。家畜がより安全な佐原分類のＡ去勢なのに人間が危険なＢ去勢であるのは、開始の事情がやはり違うからなのであろうか。この甲骨資料が、別の刖についての例とならんで、羌

人が"死せざらんか"と貞（問）うと読むのであるならば［籾山 1980　p. 23］、死刑ではない目的になる。死刑なら、死ぬかどうかを貞う必要はない。

　人間の去勢は異族に対する征服の誇示［三田村 1963　p. 21］・捕虜の処理から最初始まったとみられている。肉体の部分毀傷の最初が、単なる復讐・見せしめ・征服の誇示といった単純な動機、つまり心身に苦痛をあたえたり、いためつける単純な目的、であったろうことは、春秋楚の霊王が外国である晋の臣韓起を閽（脚きり）し羊舌胖を宮して晋を辱めようとした［『左氏伝』昭公五年］逸話、などがそのような気分の連続をしめしているものとして納得できよう。特に敵の高貴な身分の者に対してはまず征服の誇示であったろう（生かしておくが子孫を絶やす、ということもあろう）。

　何らかの肉体への処理（後には刑罰としても）をほどこした後、その捕虜・罪人を使役するというのは、たとえば『周礼』「秋官司寇掌戮」に、

　　墨者使守門、劓者使守関、宮者使守内、刖者使守囿、髡者使守積
　　　—入墨受刑者には門番、鼻削ぎ受刑者は関所番、宦者は後宮管理、脚斬り受刑者は動物苑番、頭髪を剃られた受刑者は穀物倉庫番、をさせる、

とあり（これは『周礼』がいかなる成立の書にせよ殷代より後の古代人の観念の一部を示すものではある）、中国のみならず多くの地域で類似のみられることではある。が、しかし当初からそういうものであったろうか。捕虜や罪人は本来、信頼できない者であり、反抗的な者である。それを傷つけたら普通はもっと恨を持つことになるであろう。きびしい監督下で単純な労働でもさせるならともかく、普通の、門を守るとか、まして君主の近くで使役するなどということは物騒なことといわねばならない。始皇帝の死直後政権を内部から顛覆した趙高のごとき者はいつでも予想できるのである。去勢刑にあった趙高や入墨刑にあった英布は世の大患となる、つまり肉刑に処すると悪事に奔る、と『後漢書』「孔融伝」にある。『礼記』「曲礼上」に、

　　刑人不在君側
　　　—刑罰を受けた者は君主のちかくにおかない、

とあり、また『後漢書』「郎顗・襄楷伝」で襄楷が、

古者本無宦臣
―昔は宦官は無かった、

というのは『後漢書』「宦者伝」でも言うようにやはり古制なのであろう。黄帝伝説に宦官が出てくるよりは確実な話であろう。

しかし、やがて、受刑者の大部分は従順になるという心理的な変化［三田村 1963 p.21］が確認されてか、かつての敵や罪人も用途があるということから、制度として、特に宦者の場合は、性能力のある男性を後宮女性群のなかに入れておいては問題であるから―この点はまさに家畜飼育からおもいつかれたものかもしれない―ちょうどよい役目ということになり、さらに、忠実な側近への道ができてきたのであろう。

子孫のない者こそ信用できる、という前第六世紀ハハーマニシュ＝ペルシアのキュロス［佐原 1993 p.152；Xenophon Ⅶ-5］の言と後第十世紀五代十国時代南漢の君主［三田村 1963 p.29］には時代と地域をこえた同一性がある。"君主の心身を柔かくささえるソファのような存在"であるという［三田村 1963 p.92］。

それにしても、はじめから労働力として使役するつもりならば、近代人の発想としては、髪を斬るとか入墨をしても労働力として損失はないが、脚などを斬っては労働力としてはどうか、ということになる。しかし耳や鼻や性器を斬ったらこの点はどういうものであろうか（ともかく近代合理主義でかんがえるのはよくないが）。逃亡させないとか反抗させないなどの目的もあったものか。身体刑が犯罪者や捕虜の標識であると仮定してみると、家畜管理にも似たことはあるわけであるが、黥・刖などはたしかに外からみて標識になることである。宮刑は実際には外からわかるものであるらしいが、黥・刖などとはすこし性格がちがうであろう。

さきにみた『周礼』「秋官司寇掌戮」で、刖者つまり脚斬り受刑者に囿動物苑の番をさせる、とありまた『韓非子』「外儲説左上」にも"所𠛬者守門"脚斬られし者門をまもる、とある。これまで、出土遺物にはたしかに脚のみじかい門衛が表現されたものがあり［陝西省考古研究所他編 1980 七七番；張崇寧 1989 p.46；NHK編 2000 p.80、いずれも西周代］、脚を切断した遺体

も出土した例がある［河北省文物研究所編　1985　p.157；山東省博物館　1972　p.18；中国科学院考古研究所安陽発掘隊　1972　p.19、いずれも殷代］。去勢とちがって脚斬りのことは出土骨で明確に判断できるとはいえ、事故・闘争によるか刑罰によるかは判断がむつかしいが、両脚なら、事故よりは刑罰の確率がたかいであろうか。河北藁城台西の殷代の例［河北省文物研究所編　1985　p.157］は、両脚とも膝下を刃物で切断したことがわかり、副葬品から占卜関係者ともみられるから、うごきまわらなくともよい仕事ではあったものか。上記殷代の三例はいずれも殉葬であるから奴隷類似の身分ではあろう。春秋時代、斉国で刖刑がおおくなり、市場でそれ用の踊（義足）が値上がりしている、と晏子がかたったので斉公は刑を減らした、との話が『左氏伝』昭公三年（前539年）にみえるのはよく知られた話である。後世いう五刑等の受刑者を使役することの起源は、甲骨資料からもいわれている［白川　1975　p.610］ように、やはり古くさかのぼることができるのであろうか。後の時代、宦者を、"刑餘之人"とか"刀鋸之人""刑臣"などとも称するのはやはり刑罰を起原とするからなのであろう。処刑の結果として宦官が誕生していたのが、やがて処刑の目的が宦官つくりになったのであろうか。

　図56の甲骨文字資料にもどってかんがえてみると、殷代に人間の去勢が存在することは確実であろうが、宦者として使役したのかどうかにはまだ疑問がのこる。また使役したとしても、宦者としての使役を目的としたものか、刑罰制度といえるものなのか、結果としてたまにあったことなのかはわからない。

　家畜去勢についての甲骨資料としては、豕字などいくつか主張される字はあるが［謝他　1985　p.84；白川　1973　九下　p.157など］、疑問である。今のところ不明としておく他はない。

　金文資料においては、管見の範囲で去勢に関するものは無いようである。

f 伝先秦文献にみる宦者

　一部漢代の文献もふくめることになるが、先秦時代すなわち始皇帝以前の伝承をみておきたい。まず先秦時代のまとめとして『史記』をみると、後述のように問題はのこるのであるが、前第七世紀中頃、春秋斉桓公の時の豎

刁［『史記』「斉太公世家」］や晋文公の時の履鞮（りてい）［『史記』「晋世家」］がでてくる（『左氏伝』・『国語』も）。おそらく固有名のわかる確実な宦者の初見である。豎刁（ちょう）については、

　　自宮以適君［『史記』「斉太公世家」］
　　―自宮して君主側近になった（宦者）、

と書かれる（『韓非子』「十過篇」では"豎刁自獖、以治内"）。『史記』は"宦者"と書くのであるが、湖北雲夢出土秦簡でも宦者と書くから、戦国時代から漢当時の用語である。"宦者"が去勢された男子であることは、たとえば秦王政の母后が嫪毐をひきいれる時、毐が宦者になりすますために"詐腐"して、

　　抜其鬚眉、為宦者［『史記』「呂不韋列伝」］
　　―鬚と眉を抜いて腐刑のふりをして宦者になった、

とあるから、以上で、腐＝宮＝宦者、が去勢のことであると本文だけでわかるし、この後を読むと、実際は毐が宦者でなかったから、母后が妊娠してしまった、とわかる。宦者の鬚が無いあるいはうすいことについては、後漢末袁紹が宮中へ乱入して宦官を殺害したときに、

　　或有無須（鬚）而誤死者［『後漢書』「竇武何進伝」］
　　―鬚のない者で宦者とまちがえられて殺された者があった、

等、あちこちに記述があり、先に本章cでふれたシュメルやアッシリア宦官の図像表現とも同様であるし、現代医学の所見ともあう。"宦者"が去勢手術を受けた男子であることは明確である。また、南方熊楠はいう、

　　（仏像の話をして）さて例の髭鬚など少しもなく、手脚はことのほか長かりし。これは本邦の人に気が付かれぬが、宦者の人相を生写しにせしものに候。日本には宦者なきゆえ日本人には分からず候［南方熊楠書簡1931年『南方熊楠全集』Ⅸ　p.18］

と。これらからすると、すくなくとも漢人の用語で、ここで"自宮"という

ことから逆に、"自"でない宮が刑としての去勢であることもわかる。腐刑と呼ばれる刑が同一であることもわかる。自宮というのは戦国秦漢の記録に無いという［三田村　1963　p. 39］が、豎刁のように自宮してそれを目ざした者がいたということは、春秋時代すでに君主側近としての宦官が存在していたということになる。制度として確立したものであったかどうかはわからないが、わざわざ自分で志願するということは、かなり出世あるいは権力者に接近できるとみたから自宮したのである。この時、管仲が刁について、良からぬ人物である、と斉公に諫言したとおりである。事実豎刁はかなり権勢をふるったと伝承される。しかしこのころ宦者が軽蔑の対象であったこともわかっている。これは、原因が何であれ身体の一部が欠損していると軽蔑されるということでもあったらしいが、もともと捕虜の処理や犯罪者の刑罰から始まっているからでもあろう。晋文公時の"宦者履鞮"は自分で、"刑餘之人""刀鋸之餘"と称している。

さらに、去勢をしめす不確実な資料としては先にみた『周礼』の記事をはじめ、『尚書』「呂刑」、『史記』「周本紀穆王」の段にでる甫刑（呂刑）、『詩経』「秦風車隣」・「小雅巷伯」・「大雅召旻」、『左氏伝』、『国語』など諸古典にでてくる昏椓や、五刑五罰と称されるうち宮罰之属三百、椓（劅）刑・割頭・寺人・内人・閽人・奄人・奄士などの刑罰や官職をしめす一連の用語がある。

これら"寺人"等は伝統的に宦者を意味するとされている。なぜ宦者を意味するのか、あるいは、意味するとわかるのか。漢三国以降の学者がそう解釈していることは古典の諸注でわかるが、先秦時代のそれらの用例がすべて去勢を意味するのか、またそうでないなら、どれが、何時から、宦者の意味に変化するのかは実は明確ではない。宮とか寺・内等の文字の原義は去勢と何も関係が無いのである。そして先秦の用例に宦者としての具体的な髭鬚が無いなどの記述があるわけではないから、後人の注によるだけでは疑問がのこるのである。たとえば、『詩経』「大雅召旻」の"昏椓"に鄭玄は注して、「昏椓は皆奄人なり、昏は其の官名なり、椓は陰を椓毀する者なり」という（宦者としない説もある）。漢代以降の学者には我々の知らない根拠があったのであろうか。宦者を表現するとされる用語は伝先秦文献でもいくつもあり、

漢三国以降はさらにおおく、ここに一々はしるさないが（おそらく言うを憚ることであったから間接的な言い方が増加したのであろう）、みな、場所・職務・刑罰・浄汚・ふさぐ・うつ・こわす等をしめす文字からの借用転用である。去勢手術そのままをしめす図56の甲骨文字のような文字は使用されないし、『史記』「呂不韋列伝」にあった嫪毐の話のように具体的な記述がない。そこに不確実性があり、曖昧である。

　もとの意味のちがう文字が転用されている以上、その文字の宦者の意味への転用初現を確実に知らなければならない。そして去勢に関して、殷人と周人の習慣が本来おなじであるか否か。また、春秋各国に地域差があるか。そのような問題がのこるものの、ともかく、春秋時代以降の宦者存在自体は確実であろう。戦国趙国には"宦者令"なる職もある［『史記』「趙世家」］。秦では"宦者丞印"等の封泥も見つかっている［周曉陸他 2002 p.68；劉慶柱他 2001］。秦における商鞅や、趙における藺相如の登用は君主側近宦者の推薦によるものであった。

g 伝先秦文献にみる去勢畜

　周代には古代戦車の使用がさかんであった。『詩経』では通常四頭立馬車の馬を"四牡"という。

　　四牡騑騑［小雅四牡］・四牡騤騤［小雅六月；小雅采薇］・四牡脩廣［小雅六月］・四牡奕奕［小雅車攻］・四牡既佶［小雅六月］・四牡彭彭［小雅北山］

など。また、

　　駉駉牡馬［魯頌駉］・駜彼乘牡［魯頌有駜］

ともあり、"牡"つまりこの場合は牛篇の文字であっても牛ではなく雄獣の意味で、馬車を雄獣に牽引させて、その雄馬四頭が飛ぶようにすすむとか、勢がよい、とかの状態を詠じている。春秋代以前の情景である。そこで、

　　馬牛其風、臣妾逋逃［『書経』費誓］

―馬・牛や奴隷？が逃げる、

という段について、戦場で馬や牛が単にはぐれる・逃げるのではなく、発情しているからであるという説がある［『左氏伝』僖公四年の"風馬牛相不及"段の孔穎達疏］。戦場で発情するならば当然去勢していない馬・牛を使役していたということであるので、"四牡"の傍証になる。すなわち、古代中国では不去勢雄馬使用であったのだ、ということで、古代世界各地だいたいおなじ習慣であったのだ、ということもできよう。

　これに対して『周礼』の、

　　"攻特"［夏官校人］・"攻駒"［夏官廋人］
　　―特・駒を攻する、

を去勢のこととする説が漢代以来ある［鄭司農］。攻は意味のひろい字であるけれども、この場合は『詩』「小雅」鶴鳴の"攻玉"、『周礼』「考工記」の"攻木"・"攻金"などの例にみえる"何かをつくりあげる"意味であることはたしかである。どのようにつくりあげるのか。

　馬をつくりあげるのは第一には調教であろう。『荘子』「馬蹄」に馬の調教を皮肉って、

　　燒之、剔之、刻之、雒之、連之以羈馽、編之以皁棧……
　　飢之、渇之、馳之、驟之、整之、齊之……
　　―馬体の毛を焼き、そりおとし、蹄をけずり、烙印をおし、各種縄紐をかけてつなぎ、廏におしこめ……
　　食物や水をあたえず、色々に駆けさせたり、集団行動を強いたり……

とあるのが馴致調教の各技法・段階であるが、この中には去勢とみられることが無い。"攻駒"が去勢であるとしても『周礼』のこの部分の意味は通ずるのでそれ自体問題は無いのであるが、この『荘子』にせよ他の伝先秦文献にせよ、また前漢の古墳出土で戦国時代の作とみられる現存最古の馬書『相馬経』［この書名は仮名、馬王堆漢墓帛書整理小組 1977］にも明確に去勢馬を示すような例がない。『周礼』の成書の問題もあるけれども、この"攻駒"

は孤証である。これは馬去勢の証拠にするには不十分である。

　漢人以後の注によらずに、先秦文献だけで確実に馬および他の家畜去勢をいうのは現段階では困難なことであろう。あれだけ物を書き分ける漢字のなかで、去勢畜をあらわすふるい文字がはっきりしないのは問題である。

　しかし逆に、"四牡"が去勢馬なのかもしれないという案も検討してみなければいけない。林俊雄が中央ユーラシアで調査したことによると、現在自分達は去勢馬に騎り、中世の先祖達も文献上では去勢馬に騎っていた地帯でも、先祖の中世英雄達は不去勢雄馬に騎馬していた、と伝承している。これは武的また神性な象徴として不去勢雄馬があるらしいので、アッシリアレリーフなどで必要以上に不去勢であることを誇示しているような印象であることなども考慮すると（図48）、文字や図像の表現が現実そのものであるかどうかにはやはり注意しなければならない。それに文学は古語を使用する傾向のものであるから、現実よりもやや昔のことを表現しがちであることは、現実よりも理想を表現しがちであることとともに、何時もあることであろう。また去勢馬も雄ではあるので、去勢・不去勢を区別した名称が使用されないこともあったかもしれない。

　謝成俠は、秦漢以前に去勢の技術はあったのであるが馬にほどこすことは稀であった；秦漢の激しい戦争から軍馬に去勢することがさかんになった；韓信によるであろう、としている［謝 1959 p.41］。根拠はしめしていない。

　なお、雌馬は使役しなかったようである。すくなくとも、戦国末漢初では、雌馬を使役したりするのは特記されるような普通でない事件であった［『韓非子』「外儲説左下」にある孫叔敖の話；『史記』「平準書」］。

h 漢代の字書にみる去勢と騸字

　古代の集大成として漢代の字書をみてみると、去勢についてよくわかるのは後100年ころの『説文解字』である。以下のように、牛・馬・羊・犬・豚のことが知られる。

犗（かい）　騬（しょう）　羯（けつ）　羠（い）　猗（い）　豶（ふん）　豩（み）

　『説文解字』より後の時代をふくめて、去勢関係の単漢字は基本的に、動

物種を篇とし、切除するとか損傷する、ふさぐ、という意味を旁としている。猵の貴は刎（きる、はねる）と説かれるし、騸字の扇は剪（きる）とされる。去勢関係熟語に使用される、割・去・奄・害・豁、等もおなじ意味の字である。その点、犗などは去勢専用字としてはむしろふるくできた文字の可能性があるが、猗とか羯はもっと先に別の用法があるから転用であろう。これらの漢字は先秦の用例がすくなく、そのすくない用例の中で、どうしても去勢の意味でないと通じない、という用例は無いようである。たとえば『荘子』「外物」で、

　　（巨大な釣をするのに）五十犗以為餌
　　―五十頭の犗を釣餌にする、

という場合の犗はこの場合牛くらいのおおきさの動物なら何でもよさそうである。前漢時代の敦煌出土木簡に"黒犗牛"等（当時関出入には連れている家畜のことも記録した、また牛の台帳もあった）とある［甘粛省文物考古研究所編 1991 785番・1166番］。使役している牛は漢代なら去勢してあったかもしれないから、この犗は去勢牛であろうか。

　ここで字の構造上注目すべきは騬の字である。漢代において去勢馬また家畜去勢行為を"騬"というのは如何なることによるのであろうか（まだ騸の字は無い）。先にみた『周礼』"攻特"の後漢代鄭司農による注も、

　　攻特　謂騬之
　　―攻特とは特という牛を騬することを謂うのだ、

と、この字を使用して説明している。『説文解字』の犗以下の説明もおなじである。
　騬字の音は乗にしたがうのであるが、篇である馬の方には別に去勢の意味がないのであるから、去勢の意味は乗に発しなければならない。もちろん騸字の扇が剪であると説かれるように、乗の音だけに去勢の意味があってもよいのであるが、この場合は旁の部分が音符としてだけでなく意符としても機能する"会意形声"字であるとおもう。
　何故なら、"乗"は本来馬車に関する文字であった。甲骨初現は木か車輛

かなにか高所に人が乗って立つ字形であったが、やがて、今の字形乗にはっきりつながる頃、馬車（古代戦車）に乗る意味が中心になった。春秋時代、乗字は、乗車の意味のほかに、車の乗員のことを乗といい、車をかぞえる助数詞（…輛とおなじ）に使用し、馬車一台分の牽引馬一組すなわち先の四牡を乗といった。

　そうかんがえると、車輛牽引用馬を去勢する習慣であったからその文字に去勢の意味が生じた可能性がある。すると、他の馬より車輛牽引用馬に先に去勢馬があったということになる。故にこの騬字こそが文字として牽引用去勢馬の存在を意味するものであろう。筆者はこの推定を1999年に発表したが、次で述べる始皇帝陵での発掘のあたらしい発表［始皇陵考古隊 2001；袁 2004 p.57］によって裏づけられることになった。

i 中国における初期去勢——図像資料より

　人間に関して、アッシリア宦官像についておこなったような研究［渡辺 1995；1999］は中国先秦時代に関しては無い。唐代墳墓壁画に宦官のあることは紹介されている［佐原 1993　p.163］。

　家畜に関して先秦時代のふるい時期についてはまだ研究が無いが、陝西臨潼、始皇帝驪山陵のいわゆる兵馬俑坑出土の馬俑が去勢馬であると佐原真によって指摘されて［佐原 1993　p.21；王編 1994　p.26によると全頭］、筆者自身もこれを数頭だけ直接確認した。同陵のいわゆる銅車馬二輛の馬も報告書の図（図58）によると写実程度がたかい像なので、去勢馬とみて疑問は無い。共立女子大学に西安交通大学から寄贈された第二号銅車馬模型は原物から作成した精密な模型であると聞いたので、この模型も実見したところ、たしかに去勢馬である。

　しかし兵馬俑坑出土の馬俑全部が、あるいはその中のどれくらいの割合が、去勢馬なのであろうか。新発表［始皇陵考古隊 2001；袁 2004　p.57］によると、全頭が去勢馬なのではなく、用途による区別がある。戦車牽引用馬は去勢馬であり、騎乗用馬は不去勢馬である、と発掘現場の研究者は最近推定している。なお、禹平［禹 1999］は、秦では不去勢馬に駕車を許さず、としている。これは、湖北雲夢出土秦簡『秦律雑抄』と先の『周礼』攻特の記事

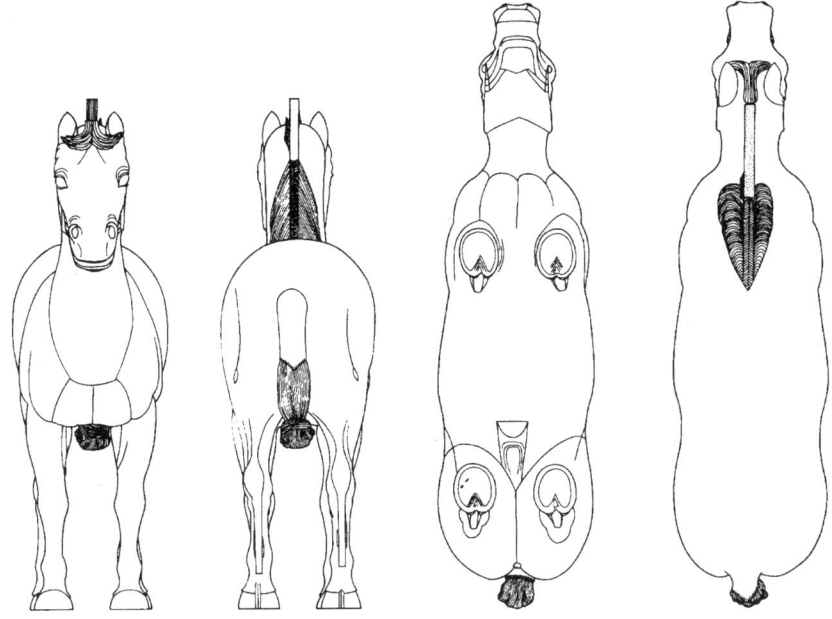

図 58　始皇帝陵出土銅車馬の去勢馬　第二号車右驂
青銅製　陝西臨潼始皇帝陵出土　前第三世紀

による推定であるが、結論はともかく、根拠は筆者にはいまひとつ納得できない。

　そこで上記兵馬俑と銅車馬を根拠にして、始皇帝のころ（前第三世紀後半）馬去勢があったとすることはできようし、騸字からも牽引用去勢馬存在を推定できるとしても、馬去勢開始時状況の解釈としてはふたつ可能であろう。

　第一は単純に、『詩経』のころは文字どおり四牡で（始皇帝先祖の地の秦風小戎でも"四牡孔阜"とあるが）、始皇帝のころまでのどこかで去勢馬利用に変わったとみることである。第二は、『詩経』は古語をもちいて四牡といっているが実はそのころはもう去勢馬利用であったのだ、または牡字が去勢畜もふくんでいた、と考えるかである。どちらにせよ、何時から、そして地域的に何処から開始されたかが問題であることにかわりはない。

　後漢代画象石（墓室のパネル石板）に、"走騸法"つまり、うごきまわる牛を自分も走りながら手ぎわよく去勢手術してみせる、という見世物を彫っ

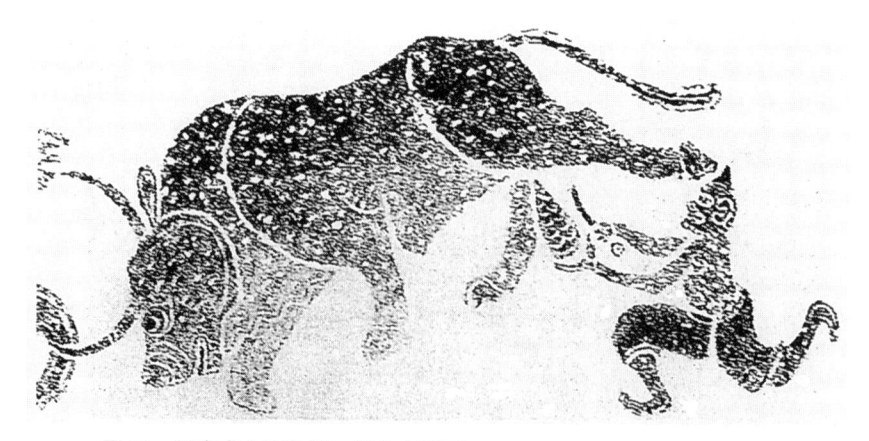

128　第Ⅴ章　去勢の風は東伝したのか

図59　河南出土画象石　胡人走馴図　石製　河南方城出土　後第一世紀

ものがあり、図は諸書に引かれるところである（図59）。この牛は街中の見世物であるから本来役畜であろうか、あるいはこの図では虎（か皮をきた勇士）と格闘していると解説してあるから特別な闘牛か（去勢したらほんとうの闘争には向くまいが）。牛は馬などよりも垂れさがっているから、手術しやすいのであろう。

　この見世物は、とんがり帽をかぶって上半身裸で高鼻深目の"胡人"つまり西あるいは北方から来た民族がおこなっている（だいたいこの時代の見世物は胡人らしい者によることが多い）。もし、この去勢手術が胡人のみの特技としてもてはやされていたのであれば、西方伝来の技術の可能性がある。そして始皇帝陵兵馬俑と銅車馬の去勢馬を関連づけるならば、秦こそ中国の西端であるから、秦国がいちはやく西方からの技術を取りいれたのかもしれない。秦が西方への出入口でいわゆるシルクロードにふるくから関係をもっていたことは、先にふれた始皇帝統一以前の秦"烏氏倮"と"戎王"の絹畜貿易の話〔『史記』「貨殖列伝」〕や脂那・支那・震旦・China・Sinaの音の起原から知ることができる。前300年ころ趙国が北方から"胡服騎射"（胡人の服装に変えて騎馬のまま弓を射る）の技術を取りいれた〔『史記』「趙世家」;『戦国策』「趙策」〕事件と似た改革があったのであろう。いつの時代でも周辺地域と交流はあったのであるが、戦国時代以降さらに多くなったことは文献資料からも考古学資料からも言えることである。

秦がChina等の原音であることについては、秦が天下を統一したからではなく（秦による統一期間はみじかすぎる）、春秋戦国時代数百年にわたって中国の西の出入口に秦国があったからで、中央アジアから中国をみれば秦と呼ぶ以外にはなかったであろう、との説のほうが良い。

通常、図像資料では、厳密に言えば、"不去勢雄畜の確認ができることがある"だけである。図48にしても簡単に確認できる。しかし、陰嚢の無い図像資料（彫塑・絵画）において"無い"意味は、単に見えない場合、作成していない場合（特に下腹部は省略がある）、去勢の場合、雌の場合、があるのであるから、よほど写実程度のたかい作品以外は、去勢畜と雌畜の確認に完全な信頼をおくことはできない。有は確認できても、無の確認はできないのである。

j 中国における初期去勢―骨格資料より

河南安陽市郊外いわゆる殷墟の出土人骨のなかに、男女の区別のつきがたい例があり、発掘担当者はそれを宦者かとかんがえたらしい［石 1964　p. 136］。筆者はこの分の報告書をみることはできていないが、おそらく、それだけでは、去勢の可能性がある、としか言えないであろう。

なぜなら、家畜の場合は現在もおおく去勢をおこなっており、確実な去勢畜から骨学上の特徴がわかっていてそこから鑑定をおこなっている。種と施術年齢により一様ではないが、体格やプロポーションの変化、化骨の遅れ、部位では特に骨盤・長骨端部・角、等の同一品種内での統計的な比較から去勢の有無を判断していて、少数個体で判断しているのではない。今も昔も幼去勢をするらしい羊などについては特に信頼できるものであろう。しかし、人間の方は、確実な宦者の骨格が形質人類学研究者に知られていないそうであるし、去勢しなくともホルモン異常等で似た症状も出るそうであるから、原理上すでに困難がある。骨格でなく外貌や心理の変化については、近代中国宮廷宦官やカトリック教会歌手カストラート、現代アラブ社会の芸人などのことから知られていることもあるが、遺跡では役だたない。

家畜骨格に関して最近、内蒙古伊克昭盟朱開溝遺跡出土の豚についての報告がある。これによると、本来雌雄数はほぼ一対一であるのにこの遺跡では、

表 2　朱開溝遺跡各層出土豚の年齢と性別　[黄 1996　表四]

	♂未成年	♂成年	♀未成年	♀成年	小計
第五段		1			1
第四段	1	1	1		3
第三段			7	2	9
第二段	1	1	1	4	7
第一段		1			1
小　計	2	4	9	6	21
％	9.5	19.0	42.9	28.6	100

　豚の犬歯によって性別鑑定のできた分では雌がおおいので、人間の関与の結果であろうとする。そしてその中でも未成年雌がおおいので、未成年雌を屠殺することは繁殖に不利であるから家畜飼養としておかしい、と推論し、現代の去勢雄豚の犬歯は雌と区別がつきがたくなることから、雌と判定した中に去勢雄があるのではないか、去勢は殷周以前黄帝時代からおこなわれているのだし、と論じ、今後の課題、としている［黄 1996　p. 521］。

　この報告は、遺跡の時代を三期五段に分かち、第一段は龍山時代晩期、第二～四段は"夏代"、第五段を早商（殷代初期）、としているが、段別にみるとこの論に合うのは第三段のみである（表2）。

　豚は役畜でないから（厳密にはまったく役畜でないとはいえないのであるが例外的なことである）、家畜であることが確実ならば居住地から遠方へ行くことがなく、統計をとるには良さそうであるものの、この表では五段全体でも性別のわかった分が二十一個体にすぎないので（最少個体数は五十二）、統計的に割合を論ずるにはすくなすぎる。たしかに総計では未成年雌畜数が多数とはいえ、各段は時代がちがうのであるから、本来別々に論ずべき性質のものであるし、各段は最少一～最多九頭にすぎない。また、人為により雌雄の割合がどう変化しようとも雌雄はかならず両方生存しているはずであるから、第三段に雄がいないのはおかしいし、第一・五段に雌がないのも統計としてはおかしいであろう。それに、去勢雄だとしたら去勢したうえ未成年で屠殺するというのも何のためなのであろうか。

しかし、骨格の部位によっては去勢雄と雌の区別がつきにくいので、雌と判定した資料に去勢雄が混じる可能性がある、というのは妥当な指摘である。

 豚についてはもう一件、河南安陽殷墟北方の花園荘遺跡（殷代後期初頭）の報告がある［袁他 2000］。ここでは野生と家畜両方の獣骨が出土した中で、牛・水牛・豚・羊・犬、が家畜と判定されていて、豚は特に未成年雌が多い。朱開溝遺跡と同じような現象であるが、去勢については今のところ判断できない。

 また、始皇帝陵陵園 K 0006 陪葬坑出土馬骨の中、一頭については雌または去勢馬、と報告されている［秦始皇陵考古隊 2002 p.27］。

k 去勢伝播についての結論

 今の段階で言い得ることをまとめると以下のようになるであろう。

 (1) 去勢の風は人畜ともにユーラシア西部の方に東部よりふるくからあるのは確実なことであろう。おそくとも、前第三千年紀には人畜とも去勢をおこなっている。人間より家畜去勢が先であろう。家畜のなかでは馬の去勢はおそい。

 (2) 中国において、殷代後期以前の時代については資料が無く何も言うことはできない。前項 (1) からみて年代的には去勢が実施されていてもおかしくはないが、家畜については役畜としての家畜利用がまだ無かったようであるから、去勢の風も無かったとみてよいであろう。

 (3) 殷代後期には、文字からすると人間の去勢があるらしい。その文字は去勢手術を表現しているが、後代へ続かないようである。宦者を使役していたかどうかはわからない。

 家畜去勢については不明である。

 (4) 西周時代去勢のことは不明である。周公作など西周代に作者が仮託される諸伝承文献にみえる去勢の記事はむしろ戦国から漢代にかけての人々の意識を反映しているであろう。

 (5) 春秋時代、前第七世紀には君主側近として事績と名前も知られる宦者が存在する。君主側近でしかも宦者である故に勢力を持つ者が出現していることは、もっと以前から宦者使役が存在した可能性を暗示する。去勢が刑

罰の一種であったこともたしかであろう。

　家畜去勢のことは不明である。

　(6)　戦国時代、宦者は存在する。宮廷制度としても存在した。

　家畜去勢はおそくとも始皇帝の頃には確認できる。家畜去勢に関しては先秦時代の文字資料に明確でなく、今のところ確実には始皇帝陵出土品からしか知られず、そして後漢代に胡人が去勢手術をして見世物になっているということは、この技術がおそくとも始皇帝頃に西方すなわち胡人の世界からあらたに流伝してきたことを暗示する。馬の場合は古代戦車牽引用馬から去勢が始まったのであろう。

　(7)　漢代以降の人畜両方の去勢関係の漢字や語彙を前にさかのぼって行くと、転用とか新出のものばかりで、(3)のようなふるくてオリジナルな去勢を示す文字が連続していない。この点を厳密にかんがえると、去勢の風のあたらしいことをしめすか、もしくは断絶してのち復活したことを意味することになるであろう。特に家畜去勢についての文字がはっきりするのは漢といっても後漢時代からである。

　前項(6)で述べた、胡人がもちこんだ可能性は、この文字の連続しないという点からも言うことができるであろう。すくなくとも、家畜去勢は西方系技術なのではないか。春秋時代後期から牛牽引の犂が流行してくることと関係があるのかもしれない。

　初期去勢の資料は案外すくなく感覚的にも理解しがたい点があり、困難な問題である。遺体・文献資料・図像表現、何にせよ確実な根拠が必要である。中国史での宦官の活動はあまりにも有名なことであるので、これまで何となくふるくから中国には去勢の風がありその様子もわかっているものとおもっていたが―この問題にかぎらず、通常よくわかっていると漠然とおもわれていることがらの中には―根拠のはっきりしない推論が実はおおいと感ずる。宦官の初期のことや家畜去勢のことは研究されていないし、現在去勢関係でもっとも知られている"宦"や"騸"字の用例がふるくないとは、筆者は知らなかった。

複雑な事物・技術・アイディア拡大の例として、第Ⅳ章では馬利用拡大の端緒となる馬家畜化と役畜化の問題、第Ⅴ章では去勢の拡大の問題などをとりあげてみた。物の拡大にくらべると、まだ確固たる根拠があるものではないがあえて紹介した。

　筆者のあつかう題材には、西から東へ拡大した事がらがおおいけれども、後の時代には逆方向の伝播もおおくなる。高校世界史で、ヨーロッパ近代化の基になったルネサンスの三大発明四大発明が中国起原であることが出てくるが、他にもおおくのことがらがある（ヨーロッパは後進地帯なのであった）。ジョセフ=ニーダムたちの巨大な業績などをまず参照されたい［ニーダム 1974］。

おわりに

　東西交渉史の中身のテーマは、伝播・移動・交易・交通、そしてその仕方と影響である。別の言い方をすれば、ヒト・物・アイディア（宗教・習俗等をふくむ）の移動と影響である。

　本書で書いたことは、"物の移動"と"アイディアの伝播"で、このふたつを運んだのは人間であるから、その移動を研究する必要がある。旅行者、商人、軍隊、鉱山師、民族移動、宗教者等々。結果としては、言語や宗教、人種、生業の分布変化としてあらわれるはずである。

a 民族移動と遠征

　民族移動・戦争・征服等もふるくから論じられてきたテーマであるが、最近はあまりとりあげられてはいない。本書であつかう時代では、印欧語族（インド=ヨーロッパ語族）拡散問題・ハハーマニシュ（アカイメネス）朝ペルシアやアレクサンドロス帝国・月氏クシャン同族問題・匈奴フン同族問題、などである。チュルク（トルコ系）拡散問題・モンゴル帝国などはもっと後代になる。印欧語族や匈奴フンにかかわることは、すでに二百年以上の議論がある。

　印欧語とは、現在もっともひろく使用されている諸言語で、古典語であるギリシア語・ラテン語・古代ペルシア語・サンスクリット語や現代語の英語・仏語・独語・ペルシア語・ヒンズー語などが似ていることから、ひとつの言語が各地へひろまったものとして（遠隔地に似た言語があることは他の理由がかんがえられない）、人間の親族関係・系図のようなイメージがかんがえられ、比較言語学の発達をうながした言語学の問題である。親族関係の言語を"語族"という。高校世界史で、ギリシアへのドーリア人の侵入やインドへのアーリア人の侵入とならった人もあるとおもうがその問題である。言語は文字がなければ研究できないが、この語族の最初の拡大がおおまかには前

2000年ころと推定されるので、文字資料がとぼしく、考古学が言語学の問題にひきこまれてきた。

簡単には、［風間 1993］などに各説がまとめてある。一番の問題はこの語族の出発地がどこか（原郷問題という）で、これはいろいろな説があるが、有力な説では、馬家畜化候補地とかさなる。

言語・文字・道具・住居・身体・風俗・信仰等の組みあわせは、生きている人間に関しては一体であり、外からわかるし本人にただすこともできるので自明であるが、何千年もたつと資料はバラバラになってしまうので、考古学・文献史学・形質人類学・言語学等々資料のことなる研究相互はなかなかつながらない。

この印欧語族がユーラシアにおいて、馬の家畜化や車の発明と拡大、あるいは西アジア型農牧文化複合の拡大のにない手ではないかといわれていることが本書の場合はかかわりがある。筆者は印欧語族というかんがえ方は否定しないし、遠古の中央ユーラシアにいたのはやはり彼らであるとおもうので、馬利用や馬車をひろめ、騎馬遊牧開始をになったのは、全部でないにしても印欧語族であろうとかんがえる。

匈奴フン同族問題は、匈奴の一部が西進して、ゲルマン民族大移動をひきおこしたフン民族になった、という説である。最近"鍑"と呼んでいる脚付大型釜の分布研究から林俊雄は、フンは西進ではなく、拡大してから東部を撤収したものとする［藤川編 1999 p.274；本シリーズ刊行予定『鍑からみる草原地帯』（仮題）］。これと似た現象として、月氏が大月氏になることも、西進ではなく、もとは西から東進して拡大して中国西辺に達し、匈奴に追われて元へ撤収したのであるとする［小谷 1999 p.209］。これらは日本で出たあたらしい説である。

b ふたたび 東西交渉とは

筆者の学生時代、東西交渉史やシルクロードと冠した本をよむと、張騫鑿空以後の話題が普通で、中心は仏教伝来とかササン朝美術が正倉院へつたわる、あるいは敦煌楼蘭、長安の繁栄、ソグド人の活動、チンギス汗といった話であった。ふるいほうで割と出るのはスキュタイと匈奴の話というところ

で、これは張騫遠征のバックグラウンドということになる。彩陶の分布や殷とシベリア青銅器文化の関係、東西都市国家の類似、古代帝国の類似など論じられてはいたのであるが初学者にはむつかしく、よくわからぬ話であった。今おもえば誰にもよくわかってはいなかったのだから当然である。また中華人民共和国の学界では、中国に外からの影響があるというかんがえをきらっていたらしくてそういう論がなかった。中国から外への影響は主張していたし、中国領内については中原先進論であった。

　ともかく、最初興味を持ったことは彩陶や金属器文化のひろがりであったのだが、石田英一郎・江上波夫・李済・中尾佐助・林巳奈夫・伊東俊太郎といった人の本をよみ、ヒトの拡散もともかくとしても（アフリカからひろまってくるなら当然ふるくからのルートはあるわけだが）、遠古の交流はあるのだとはかんがえた。特に前第二千年紀が重要であるらしいと感じた。人は孤立して生きてはいない、地域もおなじであろう、というのが筆者のたてた予想である。時間上も空間上も連続した世界［石田英一郎］に生きているときいて、そのとおりで、一箇所穴があけば何か増減し変わるわけで今の歴史とは別になる、と。外からつたわった物やアイディアが働きをなしている以上もしそれが無かったらそこの歴史は変わったはずであって、そこだけでは完結しない。ふるい時代には完結していた諸小世界がだんだんグローバル化してくる、とのかんがえをとらない。

　しかしこのテーマで何か研究するということもしなかった。最初、交渉よりも比較をかんがえてみた。考古学界でも、スキュタイなどを研究している人をのぞけば、1960年代ころまであったいわゆる伝播とか民族移動のことが論じられなくなっていた時期もあった（1970年代前後）。筆者は1980年前後メソポタミア調査にかかわっていたのであるが、中国考古学をまなんだ者がテルの傍で羊群や麦をみていると、やはり中国と関係があるのではとあらためて遠古の交流をかんがえ、いわゆる古代四大文明相互に何か関係があるのであろうかとおもった。"景教"徒に直接出会って感慨があったのもメソポタミアである。

　筆者が張騫以前の東西交渉を本式にテーマにしだしたのは、1980年代になってからで、最初のテーマとして、中国古典文化に西・北方からの外来要

138　おわりに

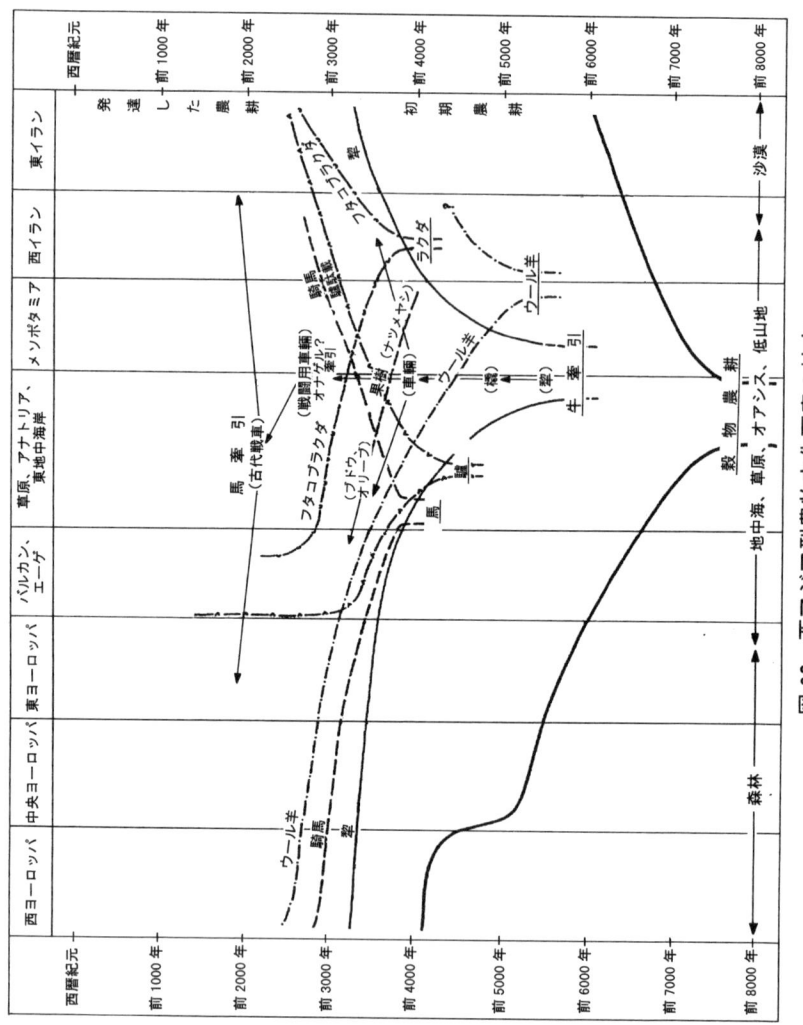

図 60　西アジア型農牧文化要素の拡大

素はあるのか、をかんがえた。馬車や西アジア型農牧拡大のことをすこし勉強した。これは『考古』(1980-6) の孔令平「西亜動物家養的起源」(当時の中国文献としてはめずらしく西亜のことをとりあげ、英語文献を多数ひいていた)でメソポタミアを勉強したことに刺激され、また何となく中国学界の変化を感じたことにもよる。ユーラシア各地域の調査が増して発掘調査空白区が埋まれば (もとより、ある遺跡の内容は第一にそこの地域の歴史なのであり、すぐ東西交渉史になるのではない)、いわば実証の時代を経て、だんだん伝播諸要素についての昔とちがう研究ができてくるのだろうとおもった。おなじころ欧米でも馬車東伝論文が出て、一般向け考古アトラスでもそのような地図が載っていた。

　張騫以前をかんがえると、まず遠距離交易の証拠として単純に気がつくのは、宝貝・ラピスラズリ・玉の路である。これは原産地が限定されそして産地外で物が出土するから確実で (ラピスラズリに比すると玉は複雑で、貝はさらに複雑すぎるのであるが)、おおまかには、ラピスラズリの範囲・玉の範囲が古代帝国にちかい。ただ、単純な物資の伝播とはいえ、その交易の具体的実態となるとわからないが、もっと複雑な事物で両地域にまたがり資料のあるものはないか、とかんがえた時に、それはやはり馬と車であるとおもった。すでに石田英一郎や林巳奈夫の研究はあったので、これをもっとすすめてみようとした。

　馬は世界中でつかわれており、馬具は考古学発掘でもひろい時代・地域で出土するものである。これは直接には、馬が何かを運ぶという交通・軍事・運輸・経済の資料であるが、もともと馬は世界中に棲息していたのではないから、運ばれた馬、ということをかんがえればひろい交渉史の資料となる。それに、馬車や牧畜・騎馬遊牧は西アジア型農牧文化から出てくるのである (図60)。

　馬車と農牧の伝播は生物原産地のこともあり伝播は確実なことであるから、これでひとつの見とおしがつくとはおもったものの、筆者には新石器時代研究は不勉強で、馬車を主にそして騎馬をすこしあわせたストーリーが先にできたので『ウマ駆ける古代アジア』を出し、さらにいろいろなところで発表し教示を得ながらかんがえてきた。

おわりに

　筆者の車・馬研究は、運ばれた車・馬、という主張であり、その中で、古代戦車に関しては中国への伝播年代幅をかなりせばめた（これでシュメルからの漢字伝播などは言えなくなったとおもう）し、中国への伝播は、草原型車輛、であることを提唱した。また、伝播現象全般として、ものごとは遅れたところへ伝播する、のではなく、つかいこなせるところへ変化しながら伝播する、とかんがえる。なお、去勢研究はこの拡大としてでてきたものである。

　筆者は当初ラピスラズリの話を本書の軸にしようかとおもったが、これについてはこれまでおおくの人が書いていて、その二番煎じにしかならないことがわかった。一方、宝貝と玉のことはまだ誰も世界的にまとめ得ない。西アジア型農牧文化の拡大や金属器文化の拡大もまだなかなか資料のそろう段階ではない。

　車・馬にとどまらないこの分野の全体イメージについて、おおきく時期を分ければ、

・金属器時代へ入る都市国家形成時期とその発展期（日常経済圏の拡大）
・古代帝国形成期（政治圏の大拡大と接触―前記時期以来のルートを超えることはすぐにはむつかしかったのではないか？）

の二画期があるようにおもう。

　年代上で分ければ、前記の現象は地域によってことなり前第四〜一千年紀にわたるのであるが、特に前第二千年紀の研究が今後進展する必要がある。中央ユーラシアにアンドロノヴォ文化等と呼ばれるよくわかっていない時代があり、西アジアでも変動がおおきく、中国でも三代の初期王朝が成立する。馬や車・金属文化もこの時期に拡大する。

　なお、最近中国の学界でも外来の影響について発表するようになり、またターリム盆地などのふるい時代の調査が増え、王魏・王海城・李水城・林梅村、たちの発表や余太山主編の『欧亜学刊』誌刊行（中華書局）はこの分野にとってうれしいことである。

　この分野も研究途上で、いくらでもテーマがある。たとえば、非常に困難そうであるが伝染病などについても誰か研究すべきであろう。

　人類は早くから―アフリカから人類が始まったらしいことを別としても―遠方と無意識にせよ補完しあい刺激しあってきた。近代になってやっと

世界がひとつになったのではないし、ある地域だけが、完結して成りたってきたり、世界をリードしたり、貢献したことは無い。先進地というかんがえ方ができるにしても、先進地は移動し入れ替わる。いわば、世界のネット―遠古から補完しあい刺激しあう諸世界、がある。

引用・参考文献

日本語文献（著者名五十音順）
赤塚　忠 1983「漢字の生い立ち」『赤塚忠著作集』Ⅶ　研文社　1989
稲畑耕一郎・西江清高監修 1998『中国古代文明の原像』アジア文化交流協会
アリストテレース『動物誌』（島崎三郎訳）岩波文庫　上：1998　下：1999
石黒寛編訳 1981『もう一つのシルクロード』東海大学出版会
内田吟風 1952「匈奴の人種体型について」『北アジア史研究　匈奴篇』同朋舎　1975
梅原末治 1938『古代北方系文物の研究』星野書店　復刻　新時代社　1971
江上波夫編 1959『世界考古学大系　第10巻　西アジアⅠ』平凡社
江上波夫・佐原　真 1990『騎馬民族は来た！？　来ない？！』小学館
NHK・NHKプロモーション編 2000『世界四大文明　中国文明展』NHK
袁　靖 2000「中国新石器時代における家畜起源の問題」『日本中国考古学会会報』Ⅹ
小川琢治 1928『支那歴史地理研究』弘文堂書房
小川琢治 1929『支那歴史地理研究　続集』弘文堂書房
榎　一雄 1977「バダクシャンのラピス＝ラズリ」『榎一雄著作集』Ⅲ　汲古書院　1993
榎　一雄 1982「張騫の鑿空」『榎一雄著作集』Ⅰ　汲古書院　1992
大津忠彦・後藤健 1999『石器と石製容器　石にみる中近東の歴史』中近東文化センター
小口裕通 2001「古アッシリア時代の錫交易と土器の分布」『西アジア考古学』Ⅱ
小谷仲男 1999『大月氏』東方書店
小谷仲男 1999「シノ・カロシュティ貨幣の年代」『富山大学人文学部紀要』30
小野山節 1999「五千年前のシュルレアリスム思潮」『比較法制史研究―思想・制度・社会』8　比較法制研究所
風間喜代三 1993『印欧語の故郷を探る』岩波新書
片山一道 1990『古人骨は語る―骨考古学ことはじめ』同朋舎
加藤九祚 1986『北東アジア民族学の研究』恒文社
川又正智 1989「地中海農牧文化複合と中原」『教養論集』29　国士舘大学教養学会

川又正智　1994『ウマ駆ける古代アジア』講談社

川又正智　1999「中国における去勢の起原」『国士舘史学』Ⅶ

川又正智　2005「馬の家畜化をめぐる研究動向」『人文学会紀要』37　国士舘大学人文学会

木下尚子編　2003『中国古代のタカラガイ使用と流通、その意味』熊本大学考古学研究室

許　宏　2004「二里頭遺跡における考古学的新収穫とその初歩的研究」（久慈大介訳）『中国考古学』Ⅳ

工藤元男　2002「蜀布と邛竹杖」『早稲田大学長江流域文化研究所年報』1

クラトンブロック　1989『図説　動物文化史事典』（増井久代訳）原書房

クレンゲル　1983「古代オリエント商人の世界」（江上・五味訳）山川出版社

桑原隲蔵　1916「張騫の遠征」（のちに『東西交通史論叢』弘文堂書房　1933、『桑原隲蔵全集』Ⅲ　岩波書店　1968　に再録）

後藤健　2000「インダスとメソポタミアの間」『NHKスペシャル　四大文明　インダス』（近藤英夫編）日本放送出版協会

後藤富男　1964「モンゴルの役畜－閹畜の用いられることについて」『内陸アジア史論集』内陸アジア史学会編　大安

小南一郎　1991『西王母と七夕伝承』平凡社

顧　蓉・葛　金芳　1995『宦官　中国四千年を操った異形の集団』（尾鷲卓彦訳）徳間書店

近藤喬一　1995「商代宝貝の研究」『アジアの歴史と文化』第二輯　山口大学アジア歴史・文化研究会

近藤喬一　1999「西周時代宝貝の研究」『アジアの歴史と文化』第三輯　山口大学アジア歴史・文化研究会

阪本寧男　1988『雑穀のきた道』NHKブックス

阪本寧男　1996『ムギの民族植物誌　フィールド調査から』学会出版センター

佐原　眞　1993『騎馬民族は来なかった』NHKブックス

塩谷　格　1977『作物のなかの歴史』法政大学出版局

『しにか』2000（129号　特集「宦官」）

謝　成俠　1976『中国養馬史』（千田英二訳）日本中央競馬会弘済会

初期王権研究委員会編　2003『古代王権の誕生』Ⅰ-Ⅳ　角川書店

白川　静　1973『説文新義』朋友書店

白川　静　1975「羌族考」『甲骨学金文学論集』朋友書店

白川　静　1976『漢字の世界』2　平凡社

白鳥庫吉　1925「古代に於ける支那と西域との交通」『白鳥庫吉全集』Ⅷ　岩波書店　1970
末崎真澄編　1996『馬と人間の歴史　考古美術に見る』馬事文化財団
杉山正明　1997『遊牧民から見た世界史』日本経済新聞社
スチュアート編　1986『世界の農耕起源』雄山閣考古学選書
石　璋如　1964「安陽考古概説」『史林』XLⅦ-4
陝西省文物事業管理局他監　1987『金龍・金馬と動物国宝展』大阪 21 世紀協会
『草原考古研究会 HP』　http://web.kanazawa-u.ac.jp/~steppe/index.html
高濱　秀　1997「中国北方の青銅器」『大草原の騎馬民族―中国北方の青銅器』（東京国立博物館編）東京国立博物館
高宮いづみ　2001「前 4 千年紀ナイル河下流域におけるラピスラズリ交易について」『西アジア考古学』Ⅱ
巽　善信　2006「馬面から見た文化交流」『西アジア考古学』Ⅶ
田辺勝美・松島英子編　2000『世界美術大全集東洋編　第 16 巻　西アジア』小学館
田名部雄一　1998「高等動物における行動の遺伝と育種」『第 18 回基礎育種学シンポジウム報告』岐阜大学農学部
谷　泰　1997『神・人・家畜　牧畜文化と聖書世界』平凡社
中国社会科学院考古研究所編　1988『新中国の考古学』（関野雄監訳）平凡社
寺尾善雄　1985『宦官物語　男を失った男たち』東方選書（河出文庫　1989）
富谷　至　1995『古代中国の刑罰』中公新書
友部直編　1994『世界美術大全集　第 2 巻　エジプト美術』小学館
中尾佐助　1966『栽培植物と農耕の起源』岩波新書
中尾佐助　1972『料理の起源』NHK ブックス
ニーダム，J. 1974～『中国の科学と文明』（砺波護他訳）思索社
蓮見治雄・杉山晃造　1993『図説モンゴルの遊牧民』新人物往来社
林　俊雄　2000「1999 年度モンゴル調査報告―オラーン=オーシグ山周辺の遺跡調査を中心に」『草原考古通信』第 11 号
林　俊雄　2002「ユーラシア草原における馬の埋納遺跡（スキタイ時代以前）」『北アジアにおける人と動物のあいだ』（小長谷有紀編）東方書店
林　俊雄・他　1993「ユーラシア草原における騎馬と馬車の歴史」『馬の博物館研究紀要』Ⅵ
林　巳奈夫　1959・1960「中国先秦時代の馬(1)・(2)」『民族学研究』XXIII-4；XXIV-1/2

林　巳奈夫　1972『中国殷周時代の武器』京都大学人文科学研究所
パロ，アンドレ　1965『人類の美術　アッシリア』（小野山節・中山公男訳）新潮社
パロ，アンドレ・マルロー，アンドレ　1965『人類の美術　シュメール』（青柳瑞穂・小野山節訳）新潮社
平田昌弘　2003「ユーラシア大陸乾燥地帯における乳文化二元論」『西アジア考古学』IV
福井勝義・谷泰編　1987『牧畜文化の原像　生態・社会・歴史』日本放送出版協会
藤井純夫　2001『世界の考古学　⑯　ムギとヒツジの考古学』同成社
藤井秀夫・井博幸編　1981「イラク　ハムリン発掘調査概報」『ラーフィダーン』第II巻
藤川繁彦編　1999『世界の考古学　⑥　中央ユーラシアの考古学』同成社
藤縄謙三　1989『歴史の父ヘロドトス』新潮社
プルジェワルスキー　1982『中央アジアの探検（下）』（田村俊介訳）白水社
ヘロドトス『歴史』（松平千秋訳）岩波文庫　1972
芒　来・楠瀬　良　1998「日本在来馬のルーツ：モンゴル馬？！⑥」『馬の科学』XXXV-1
堀　晄・石田恵子　1986『ラピスラズリの路』古代オリエント博物館
本郷一美　2001「馬の家畜化ストーリー」第23回民族自然誌研究会　口頭発表
松田壽男　1957「蘇子の貂裘と管子の文皮」『松田壽男著作集』III　六興出版 1987
松田壽男　1967「絹馬交易と禺氏の玉」『松田壽男著作集』III　六興出版 1987
松田壽男　1968「貂皮貿易と遊牧民」『松田壽男著作集』II　六興出版 1986
松浪健四郎　1978『シルクロードを駆ける』玉川選書
松丸道雄・高嶋謙一　1994『甲骨文字字釈綜覧』東京大学出版会
松丸道雄・他　1990『中国法書選　1　甲骨文・金文』二玄社
松丸道雄・他編　2003『世界歴史大系　中国史1』山川出版社
三浦雅士編　1995　特集「去勢の歴史」『大航海』7　新書館
三田村泰助　1963『宦官　側近政治の構造』中公新書
三田村泰助・他　1982「宦官」『歴史よもやま話　東洋篇』（池島信平編）文春文庫
三宅　裕　2003「家畜化をどう捉えるべきか―動物考古学の研究動向から」『西アジア考古学』IV
宮崎市定　1940「中国に於ける奢侈の変遷―羨不足論―」『宮崎市定全集』XVII　岩波書店 1993
宮本一夫　1990「戦国鏡の編年（上）（下）」『古代文化』XLII-4・6

宮本一夫 2005『中国の歴史 01 神話から歴史へ』講談社
籾山 明 1980「甲骨文中の"五刑"をめぐって」『信大史学』5
籾山 明 1999『漢帝国と辺境社会』中公新書
護雅夫編 1971『東西文明の交流1 漢とローマ』平凡社
山口 敏 1992「現代に蘇る美女」『楼蘭王国と悠久の美女』朝日新聞社
雪嶋宏一 1999「ユーラシア草原の開発」『現代の考古学 3 食糧生産社会の考古学』（常木晃編）朝倉書店
雪嶋宏一 2006「前2千年紀前半中央ユーラシアの円盤型鑣について」『西アジア考古学』Ⅶ
樺山紘一 1995「宦官と割礼」『学士会会報』806
ラッカム，J. 1997『大英博物館双書 2 動物の考古学』（本郷一美訳）学藝書林
ローフ，マイケル 1994『図説世界文化地理大百科 古代のメソポタミア』（松谷敏雄監訳）朝倉書店
ルデンコ，セルゲイ I. 1971『スキタイの芸術』（江上波夫・加藤九祚訳）新時代社
早稲田大学シルクロード調査研究所編 2001『シルクロード国際シンポジウム 甦えるシルクロード 予稿集』早稲田大学シルクロード調査研究所
渡辺和子 1995「新アッシリア時代の宦官―印章をてがかりに」『文明学原論 江上波夫先生米寿記念論集』古代オリエント博物館編 山川出版社
渡辺和子 1998「アッシリアの自己同一性と異文化理解」『岩波講座世界歴史 Ⅱ オリエント世界』岩波書店

欧語文献（ラテンアルファベット順）

Anthony, David W. Early Horseback Riding and Warfare in the Steppes *The Institute for Ancient Equestrian Studies* (IAES) *HP* http://users.hartwick.edu/iaes/online.htm

Anthony, D. W. and Brown, D. R. 1989 Looking a Gift Horse in the Mouth: Identification of the Earliest Bitted Equids and Microscopic Analysis of Wear *MASCA Research Papers in Science and Archaeology* vol. 6 University of Pennsylvania

Anthony, D. W. and Brown 1991 The Origins of Horseback Riding *Antiquity* LXV

Anthony, D. W. and Brown 2000 Eneolithic Horse Exploitation in the Eurasian Steppes: diet, ritual and riding *Antiquity* LXXIV

Anthony, D. W. and Vinogradov 1995 The Birth of the Chariot *Archaeology* vol. 48

Azzaroli, A. 1985 *An Early History of Hiorsemanship* E. EJ. Brill

Beale, Th. W. 1973 Early trade in highland Iran: a view from a source area *World Archaeology* V-2

Bibikova, V. I. 1967 A Study of the Earliest Domestic Horses of Eastern Europe *Dereivka-settlement and cemetery of Copper Age horse keepers on the Middle Dnieper* (Telegin ed. 1986) BAR International Series

Bibikova, V. I. 1969 On the History of Horse Domestication in South-East Europe *Dereivka-settlement and cemetery of Copper Age horse keepers on the Middle Dnieper* (Telegin ed. 1986) BAR International Series

Bökönyi, S. 1972 An Early Representation of Domesticated Horse in North Mesopotamia *Sumer* vol. 28

Bökönyi, S. 1978 The Earliest Waves of Domestic Horses in East Europe. *Journal of Indo-European Studies* vols. 1-2

Bogucki, Peter 1993 Animal Traction and Household Economies in Neolithic Europe *Antiquity* LXVII

Boyle, K. Renfrew, C. and Levine, M. eds. 2002 *Ancient Interactions : East and West in Eurasia* McDonald Institute Monographs, McDonald Institute for Archaeological Research, Cambridge

Brown, D. R. and Anthony 1998 Bit Wear, Horseback Riding and the Botai Site in Kazakstan *Journal of Archaeological Science* 25

Bulgarelli, G. M. 1974 Tepe Hişar. Preliminary Report on a Surface Survey, August 1972 *East and West* XXIV-1/2

Chapman, J. C. 1982 'The Secondary Products Revolution' and the Limitations of the Neolithic *Bulletin of the Institute of Archaeology University of London* 19

Chernykh, E. N. 1992 *Ancient Metallurgy in the USSR* (S. Wright tr.) Cambridge UP

Clutton-Brock, J. 1992 *Horse Power-A History of the Horse and the Donkey in Human Societies* Harvard University Press

Clutton-Brock, J. 1999 *A Natural History of Domesticated Mammals* 2nd ed. British Museum of Natural History, London

Crouwel, J. H. 1987 Chariots in Iron Age Cyprus (Raulwing, P. ed. 2002) *Selected*

  Writings on Chariots and Other Early Vehicles, Riding and Harness Brill

Deller, Karlheinz 1999 The Assyrian Eunuchs and Their Predecessors (Watanabe ed. 1999) *Priests and Officials in the Ancient Near East* Universitätsverlag C. Winter

Drews, R. 2004 *Early Riders*, Routledge

Edwards, E. H. 1994 *The Encyclopedia of the Horse* Dorling Kindersley

The Electronic Text Corpus of Sumerian Literature-translation
  http://etcsl.orinst.ox.ac.uk/

Fansa, M. u. Burmeister hrsg. 2004 *Rad und Wagen-Der Ursprung einer Innovation Wagen im Vorderen Orient und Europa* Beiheft der Archäologische Mitteilungen aus Nordwestdeutschland Nr. 40

Gryaznov 1950 *Pervyi Pazyrykskii kurgan* Leningrad

Hančar, F. 1955 *Das Pferd in prähistorischer und früher historischer Zeit* München

Hayes, M. H. 1905 *Illustrated Horse Breaking* (4 th ed.) London

Herrmann, G. 1968 Lapis Lazuli : The Early Phases of Its Trade *Iraq* XXX

Kaplan, J. 1969 Ein el Jarba *Bulletin of the American School of Oriental Research* No. 194

Lamberg-Karlovsky, C. C. 1971 The Proto-Elamite Settlement at Tepe Yaḥyā *Iran* IX

Lamberg-Karlovsky, C. C. 1972 Tepe Yaḥyā 1971-Mesopotamia and the Indo-Iranian Borderlands *Iran* X

Lamberg-Karlovsky, C. C. and Tosi 1973 Shahr-i Sokhta and Tepe Yahya : Tracks on the Earliest History of the Iranian Plateau *East and West* XXIII-1/2

Laufer, B. 1919 *Sino-Iranica* Chicago

Levine, M. A. 1999 Botai and the Origins of Horse Domestication *Journal of Anthropological Archaeology* vol. 18

Levine, M. A. 2002 *Domestication, Breed Diversification and Early History of the Horse*
  http://www 2.vet.upenn.edu/labs/equinebehavior/hvnwkshp/hv 02/levine.htm

Levine, M. A. and Kislenko 1997 New Eneolithic and Early Bronze Age

Radiocarbon Dates for North Kazakhstan and South Siberia *Cambridge Archaeological Journal* vol. 7 no. 2

Levine, M. A. et al. 1999 *Late Prehistoric Exploitation of the Eurasian Steppe* McDonald Institute Monographs, McDonald Institute for Archaeological Research, Cambridge

Levine, M. A., Renfrew, C. and Boyle, K. eds. 2003 *Prehistoric Steppe Adaptation and the Horse* McDonald Institute for Archaeological Research, Cambridge

Li Chi 1957 *The Beginnings of Chinese Civilization-Three Lectures Illustrated with Finds at Anyang* University of Washington Press

Li Shuicheng 2002 The Interaction between Northwest China and Central Asia During the Second Millenium BC: an Archaeological Perspective (Boyle et al. eds.) *Ancient Interactions : east and west in Eurasia*

Littauer, M. A. and Crouwel, J. H. 1979 *Wheeled Vehicles and Ridden Animals in the Ancient Near East* Brill

Littauer, M. A. and Crouwel, J. H. 1988 A Pair of Horse Bits of the Second Millenium B. C. from Iraq *Iraq* L

Littauer, M. A. and Crouwel, J. H. 1996 The origin of the true chariot *Antiquity* LXX

Maekawa, K. 1979 Animal and Human Castration in Sumer Part I : Cattle (gu₄) and Equids (ANŠE. DUN. GI, ANŠE. BARxAN) in Pre-Sargonic Lagash *Zinbvn* 15

Maekawa, K 1980 Animal and Human Castration in Sumer Part II : Human Castration in the Ur III Period *Zinbvn* 16

Mair, V. H. ed 1998 *The Bronze Age and Early Iron Age Peoples of Eastern Central Asia* Institute for the Study of Man Inc.

Mallory, J. P. and Adams, D. Q. eds. 1997 *Encyclopedia of Indo-European Culture* Fitzroy Dearborn P., Chicago

Mallory, J. P. and Mair 2000 *The Tarim Mummies-Ancient China and the Mystery of the Earliest Peoples from the West* Thames and Hudson

Meadow, R. H. and Uerpmann, H.-P. eds. 1986 ; 1991 *Equids in the Ancient World* vols. I&II Dr. Ludwig Reichert Verlag, Weisbaden

Mohr, E. 1971 *The Asiatic Wild Horse* J. A. Allen

Moorey, P. R. S. 1971 *Catalogue of the Ancient Persian Bronzes in the Ash-*

molean Museum Oxford

Oates, D. and Oates, J. 1976 *The Rise of Civilization* Oxford

Ohshiro, M. 2000 A Study of Lapis Lazuli in the Formative Period of Egyptian Culture *Orient* XXXV

Olmstead, A. T. 1948 *History of the Persian Empire* University of Chicago Press

Olsen, S. L. ed. 1996 (pap. 2003) *Horses through Time* Carnegie Museum of Natural History

Owen, D. I. 1991 The "First" Equestrian : An Ur III Glyptic Scene *Acta Sumerologica* XIII

Payne, J. C. 1968 Lapis Lazuli in Early Egypt *Iraq* XXX

Piggott, Stuart 1983 *The Earliest Wheeled Transport-from the Atlantic Coast to the Caspian Sea* Thames and Hudson ; Cornell U. P.

Piperno, M. and Tosi 1975 The Graveyard of SHAHR-I SOKHTA Iran *Archaeology* XXVIII-3

Plinius *Naturalis Historia* the Loeb Classical Library 1938

Raulwing, P. ed. 2002 *Selected Writings on Chariots and Other Early Vehicles, Riding and Harness* Brill

Renfrew, C. 1987 *Archaeology and Language : the Puzzle of Indo-European Origins* Jonathan Cape, London

Rolle, R. 1989 *The World of the Scythians* (tr. G. Walls) B. T.Batsford, London

Rudenko, Sergei I. 1970 *Frozen Tombs of Siberia-the Pazyryk Burials of Iron Age Horsemen* (tr. M. W. Thompson) University of California Press

Saubidet, Tito 1948 *Vocabulario y refranero Criollo* Buenos Aires

Schafer, E. H. 1963 *The Golden Peaches of Samarkand : A Study of T'ang Exotics* University of California Press

Sherratt, Andrew 1997 *Economy and Society in Prehistoric Europe-Changing Perspectives* Princeton UP

Strabonos *Geographikon* the Loeb Classical Library 1960

Telegin, D. Y. 1986 *Dereivka-a settlement and cemetery of copper age horse keepers on the middle Dnieper* BAR International Series, Oxford

Tosi, M. 1968 Excavations at Shahr-i Sokhta, a Chalcolithic Settlement in the Iranian Sīstān *East and West* XVIII-1/2

Tosi, M. and Wardak, R. 1972 The Fullol Hoard : A New Find from Bronze-Age Afghanistan *East and West* XXII

Vilà, C. *et al.* 2001 Widespread Origins of Domestic Horse Lineages *Science* vol. 291
Vitt, V. O. 1952 Loshadi pazyrykskikh kurganov *Sovetskaya arkheologiya* XVI
Watanabe, Kazuko (ed.) 1999 *Priests and Officials in the Ancient Near East* Universitätsverlag C. Winter
Weis, H. and Young Jr. 1975 The Merchants of Susa ; Godin V and Plateau-lowland Relations in the Late Fourth Millennium B. C. *Iran* XIII
Xenophon *Cyropaedia* the Loeb Classical Library 1914
Yadin, Y. 1963 *The Art of Warfare in Biblical Lands* New York

漢語文献（日本漢音五十音順）
安忠義 2002「先秦騎兵的誕生及演変」『考古与文物』2002-4
尹盛平 1986「西周蚌彫人頭像種族探索」『文物』1986-1
禹　平 1999「論秦漢時期養馬技術」『史学集刊』1999-2
袁　靖 2004「動物考古学研究的新発現与進展」『考古』2004-7
袁　靖・唐際根 2000「河南安陽市洹北花園荘遺址出土動物骨骼研究報告」『考古』2000-11
王華文 1997『中国閹人　陰陽裂変』甘粛人民出版社中国人叢書
王海城 2002「中国馬車的起原」『欧亜学刊』III
王学理編 1994『秦物質文化史』三秦出版社秦漢考古研究叢書
王　巍 1998「商代馬車淵源蠡測」『中国商文化国際学術討論会論文集』（中国社会科学院考古研究所編）中国大百科全書出版社
王玉徳 1994『神秘的第三性―中国太監大写真』華中理工大学出版社中国特殊文化叢書
王興亜・他 1993『宦官伝』上下　河南人民出版社
王炳華 1999『新疆古屍―古代新疆居民及其文化』新疆人民出版社
河南省文物研究所 1989「鄭州商代二里崗期鋳銅基址」『考古学集刊』6
河北省文物研究所編 1985『藁城台西商代遺址』文物出版社
郭　物 2004「一人双獣母題考」『欧亜学刊』IV
韓康信 1986「新疆孔雀河古墓溝墓地人骨研究」『考古』1986-3
甘粛省文物考古研究所編 1991『敦煌漢簡』中華書局
邢義田 2000「古代中国及欧亜文献・図象与考古資料中的"胡人"外貌」『国立臺湾大学美術史研究集刊』IX
耿鉄華 1985「先秦時期的宦官」『内蒙古師範大学報』1985-4

黄蘊平 1996「内蒙古朱開溝遺址獣骨的鑑定与研究」『考古学報』1996-4（内蒙古自治区文物考古研究所他 2000『朱開溝―青銅時代早期遺址発掘報告』文物出版社　再録）
克労福徳・趙志軍他 2004「山東日照市両城鎮遺址龍山文化植物遺存的初歩分析」『考古』2004-9
顧　実 1931『穆天子伝西征講疏』
山東省博物館 1972「山東益都蘇埠屯第一号奴隷殉葬墓」『文物』1972-8
山東省博物館 1977「臨淄郎家荘一号東周殉人墓」『考古学報』1977-1
山東省文物考古研究所・他編 1982『曲阜魯国故城』斉魯書社
始皇陵考古隊 2001「対秦始皇陵園 K 0006 号陪葬坑出土馬骨的幾点認識」『中国文物報』2001 年 9 月 21 日
謝成俠編 1985『中国養牛羊史』農業出版社中国農史研究叢書
周曉陸・他 2002「秦封泥再読」『考古与文物』2002-5
周原考古隊 2004「周原遺址（王家嘴地点）嘗試性浮選的結果及初歩分析」『文物』2004-10
秦始皇兵馬俑博物館・陝西省考古研究所 1998『秦始皇陵銅車馬発掘報告』文物出版社
秦始皇陵古隊 2002「秦始皇陵園 K 0006 陪葬坑第一次発掘簡報」『文物』2002-3
陝西省考古研究所・他編 1980『陝西出土商周青銅器』（二）文物出版社
譚維四主編 2001『湖北出土文物精華』湖北教育出版社
中国科学院考古研究所編 1956『中国田野考古報告集　第一号　輝県発掘報告』科学出版社
中国科学院考古研究所編 1962『灃西発掘報告』文物出版社
中国科学院考古研究所安陽発掘隊 1972「1971 年安陽後岡発掘簡報」『考古』1972-3
中国科学院考古研究所内蒙古工作隊 1975「寧城南山根遺址発掘報告」『考古学報』1975-1
中国社会科学院考古研究所 1980『殷虚婦好墓』文物出版社
中国社会科学院考古研究所河南第二工作隊 1998「河南偃師商城東北隅発掘簡報」『考古』1998-6
中国農業博物館編 1996『漢代農業画像磚石』中国農業出版社
趙志軍 2005「植物考古学及其新進展」『考古』2005-7
張崇寧 1989「'刖人守囿'六輪挽車」『文物季刊』1989-2
張仲葛・他 1986『中国畜牧史料集』科学出版社

趙佩馨 1961「甲骨文中所見的商代五刑―并釈刖、剢二字」『考古』1961-2
陳全方 1988『周原与周文化』上海人民出版社
杜婉言 1996『中國宦官史』文津出版中國文化史叢書
南陽地区文物工作隊他 1984 「河南方城県城関鎮漢画像石墓」『文物』1984-3
馬王堆漢墓帛書整理小組 1977「馬王堆漢墓帛書"相馬経"釈文」『文物』1977-8
『文物天地』 2002（第128期「馬専号」）文物天地雑誌社
彭 柯・朱岩石 1999「中国古代所用海貝来源新探」『考古学集刊』XII
余華青 1993『中国宦官制度史』上海人民出版社
余太山 2005「匈奴的崛起」『欧亜学刊』V
李水城 2004「中国境内考古所見早期的麦類作物」『古代文化交流与考古学研究国際学術研討会』中国社会科学院考古研究所
李水城・莫多聞 2004「東灰山遺址炭化小麦年代考」『考古与文物』2004-6
劉慶柱・他 2001「西安相家巷遺址秦封泥考略」『考古学報』2001-4
劉玉生 1987「浅談"胡奴門"漢画像石」『漢代画像石研究』文物出版社
林梅村 2000『古道西風―考古新発現所見中西文化交流』三聯書店

挿図・表出典一覧

図1 金属（銅・青銅）技術の連続的拡大：Chernykh 1992 *Ancient Metallurgy in the USSR* Cambridge UP Fig. 1

図2 メソポタミア初期王朝期土器紋様：藤井・井編 1981「イラク　ハムリン発掘調査概報」『ラーフィダーン』第 II 巻 Fig. 18-2

図3 エジプト先王朝時代石製ナイフ用河馬牙製柄紋様：Frankfort, H. 1924 *Studies in early pottery of the Near East* Royal Anthropological Institute of Great Britain and Ireland London Pl. XII-1

図4 中国金文：『殷周金文集成』3458・5062 番

図5 凍石製容器紋様：江工波夫編 1959『世界考古学大系　第 10 巻　西アジア I』平凡社　図 36

図7 張騫遠征地図：小谷仲男 1999『大月氏』東方書店　図2

図8-1 コーカソイド？像：
　　図：尹盛平 1986「西周蚌彫人頭像種族探索」『文物』1986-1　図3
　　写真：陳全方 1988『周原与周文化』上海人民出版社　図版 20

図8-2 コーカソイド？像：甘粛省博物館文物隊 1977「甘粛霊台白草坡西周墓」『考古学報』1977-2　図一三-3、図版拾参-2

図9 ヘーロドトスによる草原路推定地図〈近距離案〉：藤縄謙三 1989『歴史の父ヘロドトス』新潮社　p. 205　を一部改変

図10 ヘーロドトスによる草原路推定地図〈遠距離案〉：石黒寛編訳 1981『もう一つのシルクロード』東海大学出版会　p. 5　を一部改変

図11 宝貝を使用した馬用頭絡：中国科学院考古研究所編 1962『澧西発掘報告』文物出版社　図一〇〇

図12 宝貝を嵌めた人頭骨：Oates 1976 *The Rise of Civilization* Oxford p. 79

図13 宝貝を下賜する金文：『殷周金文集成』2708 番

図14 ラピスラズリ製柄の黄金短剣：Gadd, C. J. 1929 *History and Monuments of Ur* Chatto & Windus, London Pl. VII

図15 ラピスラズリ製髪頸飾：Heritage Image/PPS

図16 ラピスラズリの路：後藤健 2000「インダスとメソポタミアの間」『NHKスペシャル　四大文明　インダス』（近藤英夫編）日本放送出版協会　p. 181・

p. 187 を一部改変
図17 黄金容器上の有鬚牡牛：Tosi and Wardak 1972 The Fullol Hoard: A New Find from Bronze-Age Afghanistan *East and West* XXII Fig. 2-a
図18 ラピスラズリ製鬚の有鬚牡牛：AKG/PPS
図19 ラピスラズリの加工工程：Bulgarelli 1974 Tepe Hişar. Preliminary Report on a Surface Survey, August 1972 *East and West* XXIV-1/2 Fig. 9
図20 玉製品と出土状況：山東省文物考古研究所他1982『曲阜魯国故城』斉魯書社 図版 玖陸；壱零参-1；伍柒-3
図21 絹織物刺繍（鞍覆）：Rudenko 1970 *The Frozen Tombs of Siberia* University of California Press Fig. 89
図22 青銅鏡紋様：Rudenko 1970 *The Frozen Tombs of Siberia* Fig. 55
図23 絨毯：Rolle, R. 1989 *The World of the Scythians* B. T. Batsford, London Fig. 68
　　 Rudenko 1970 *The Frozen Tombs of Siberia* Figs. 143-145
図24 織物紋様　ライオン列（胸繋）：Rudenko 1970 *The Frozen Tombs of Siberia* Fig. 140
図25 織物紋様　女神官（鞍覆）：Rudenko 1970 *The Frozen Tombs of Siberia* Fig. 139
図26 タルホコムギ分布地図：塩谷格1977『作物のなかの歴史』法政大学出版局 図66
図27 甲骨文字　穀物穂の立ちかた：『甲骨文編』
図29 一轅（輈）式馬車の構造：『殷周金文集成』1149番
図30 二轅式馬車の構造：Crouwel, J. H. 1987 Chariots in Iron Age Cyprus (Raulwing, P. ed. 2002) *Selected Writings on Chariots and Other Early Vehicles, Riding and Harness* Brill p. 145
図31 プルジェヴァルスキー馬（モウコノウマ）：プルジェワルスキー1982『中央アジアの探検（下）』（田村俊介訳）白水社　口絵p. 3
図32 馬歯列の構造：馬事文化財団馬の博物館蔵標本
図33 牛の後方騎り（驢式騎乗）：Frankfort, H. 1956 (fourth imp. 1969) *The Art and Architecture of the Ancient Orient* Penguin Books　Pl. 59
図34 綱を口中にかけない方法：Edwards 1994 *the Encyclopedia of the Horse* p. 182；Saubidet 1948 *Vocabulario y refranero Criollo* Buenos Aires p. 58
図35 綱を口中にかける方法：Saubidet 1948 *Vocabulario y refranero Criollo*

Buenos Aires；Hayes 1905 *Illustratrated Horse Breaking* Fig. 43
図36 現代の一般的ヨーロッパ型無口頭絡：Edwards 1994 *The Encyclopedia of the Horse* p. 156　を改変
南米のボザール頭絡：Saubidet 1948 *Vocabulario y refranero Criollo* Buenos Aires p. 57
図38 オモゲー（ブランクス）：馬事文化財団馬の博物館蔵模型
図39 顎環手綱：Saubidet 1948 *Vocabulario y refranero Criollo* Buenos Aires p. 43
図40 青銅製初期の銜と鑣：Littauer & Crowel 1979 *Wheeled Vehicles and Ridden Animals in the Ancient Near East* Brill Fig. 49；1988 A Pair of Horse Bits of the Second Millenium B. C. from Iraq *Iraq* L Fig. 1
図41 角形鑣：中国科学院考古研究所編 1956『中国田野考古報告集　第一号　輝県発掘報告』科学出版社　図五四
図42 頭絡と手綱の構造：Gryaznov 1950 *Pervyi Pazyrykskii kurgan* Leningrad ris.20
図43 円盤形突起付骨角製鑣：トイファーによる　雪嶋宏一 2006「前 2 千年紀前半中央ユーラシアの円盤型鑣について」『西アジア考古学』Ⅶ　図 2・3
図44 馬形鑣：末崎真澄編 1996『馬と人間の歴史―考古美術に見る』馬事文化財団　写真 185
図45 馬面装着状況：秦始皇兵馬俑博物館他 1998『秦始皇陵銅車馬発掘報告』文物出版社　図 84
図46 馬面装着？：Littauer and Crouwel 1979 *Wheeled Vehicles and Ridden Animals in the Ancient Near East* Brill Fig. 72
図47 初期武装騎士　石製浮彫
シリア、テルハラフ、カパラ宮殿出土：Yadin 1963 *The Art of Warfare in Biblical Lands* New York vol. II p. 360
トルコ、シンジィルリ城南門出土：Erich Lessing/PPS
図48 アッシリアの騎兵と大型戦車　石製浮彫：Yadin 1963 *The Art of Warfare in Biblical Lands* New York vol. II p. 452

図52 騎馬像つき銅環：中国科学院考古研究所内蒙古工作隊 1975「寧城南山根遺址発掘報告」『考古学報』1975-1　図一九-4
図53 シュメルの去勢歌手？　ウルのスタンダード　部分：Heritage Image/PPS
図54 グリャズノフによるパジリク古墳出土馬装復原図：梅原末治 1938『古代北

　　　　　方系文物の研究』星野書店　第七四図
図55　スキュタイ人の未去勢雄馬使役例　銀製（一部金）壺　部分：AKG/PPS
　　　なお、末崎真澄編1996『馬と人間の歴史―考古美術に見る』馬事文化財団
　　　図67　はもっと明瞭である。
図56　甲骨文　去勢字
　　　左：『甲骨文合集』525番
　　　右：『甲骨文合集』5996～5999番
図57　甲骨文　牡字（左から牛・羊・鹿・馬の雄）：赤塚忠1983「漢字の生い立ち」
　　　『赤塚忠著作集』七　研文社　p.152
図58　始皇帝陵出土銅車馬の去勢馬　第二号車右驂：秦始皇兵馬俑博物館他
　　　1998『秦始皇陵銅車馬発掘報告』文物出版社　図一〇九
図59　河南出土画象石　胡人走騎図：中国農業博物館編1996『漢代農業画像磚石』
　　　図B36
図60　西アジア型農牧文化要素の拡大：Sherratt 1997 *Economy and Society in Prehistoric Europe-Changing Perspectives* Princeton UP p.12　をもとに作成

表1　西アジア～地中海地域で馴化した作物と家畜：阪本寧男1996『ムギの民族植物誌　フィールド調査から』学会出版センター　表6
表2　朱開溝遺跡各層出土豚の年齢と性別：黄薀平1996「内蒙古朱開溝遺址獣骨的鑑定与研究」『考古学報』1996-4　表四

あ と が き

　筆者はバグダードの東門から東方をのぞみ、西安の西門から（漢唐長安の西門ではないが）西方をながめ、往時を感懐したことがある。その間を往くことは、イッシククル湖畔で馬に騎った以外、いまだに果たしていないが、メソポタミアのテルで羊群を観ながら殷周銅器の牛羊をおもい、麦畑をみて餅(ビン)や麺・パンのひろがりをおもう時、人類諸地域は孤立してはいないと感じたのである。しかし、以前みた資料や先行研究は忘却し、新来のものは読みきれず、なかなかまとめることができない。

　本書執筆にあたり、次の方々の御世話になったことに御礼をもうしあげる。いつもながら林俊雄さん・高濱秀さんを始とする草原考古研究会の方々。発表を聴いて御教示くださった諸学会の方々。質問に答えてくださった小泉龍人さん他の方々。また雄山閣の本書担当羽佐田真一さん。

　なお、内容はここ何年か授業をしながら想を錬った一部である。受講してくださった国士舘大学・奈良女子大学・早稲田大学の学生諸君に感謝する。

　　　　　　　　　　越後白根郷庄瀬にて　　　平成丙戌歳仲夏記

索　引

【あ行】

アカイメネス→ハハーマニシュ
アシア　34
アゾフ海　35
アッシリア　17, 58, 59, 91, 93, 106, 107, 108, 120, 124, 126
アラッタ　50, 51
アリマスポイ人　37
アルギッパイオイ人　36, 37
アルサケス→アルシャク
アルシャク（アルサケス，安息）　17, 22, 29
アルタイ　24, 26, 37, 41, 55～61, 107, 109
アレクサンドロス　10, 17, 18, 53, 135
安息→アルシャク
アンソニー　76～80, 82, 87, 111
一轅式（馬車）　69, 81
逸周書　27, 30
イッセドネス人　36
移動　10, 18, 26, 30, 42, 63, 81, 135, 136, 137, 141
イュルカイ人　36
殷　9, 28, 42, 52, 66, 91, 97, 98, 112, 114, 115, 117, 119, 122, 130, 131, 137
印欧語族→インド=ヨーロッパ語族
殷墟　12, 42, 55, 89, 97, 98, 113, 115, 129
インダス　12, 48, 51, 52
インド=ヨーロッパ語族（印欧語族）　11, 15, 135, 136
ウクライナ　35, 56, 75, 79, 111
ウコック　55
烏氏　24
牛　18, 24, 49, 65, 66, 68～70, 73, 76, 81, 82, 84, 85, 99, 105, 115, 122, 123, 125, 128, 131, 132
烏氏倮　24, 26, 128
馬　5, 13, 18, 24, 28, 42, 61, 67～95, 97～100, 107～112, 122～128, 131～133, 139, 140
馬の家畜化　68, 70, 74～76, 78, 80, 94, 136
馬利用　5, 6, 67, 68, 93～95, 98, 99, 101, 127, 133, 136
ウラルトゥ　91
ウルク　9, 43, 50, 51
エウロパ　34
エジプト　10～12, 15, 34, 45, 48, 69, 88, 98, 108
偃師商城　98
エンメルカル　51, 52
黄金　27, 37, 52, 53

【か行】

夏　9, 102, 112, 114, 130
牸　124, 125
画象石　29, 127, 128
家畜　11, 15, 59, 64, 67, 70～77, 80～82, 99, 101～105, 107, 111, 116, 119, 124～126, 129～132
家畜化　70～72, 74, 78, 80, 81, 133
家畜化における変化　72
ガラス　39, 43

漢　5, 9, 10, 17〜20, 22〜24, 26, 29, 30, 91, 94, 114, 120, 121, 124, 125, 132
宦官　101, 104, 106, 107, 115, 118〜121, 126, 132
ガンジダレ　103
宦者　101, 102, 105, 118〜122, 129, 131, 132
漢書　17, 20, 29, 116
韓非子　118, 120
騎乗　70, 76, 80, 82, 84, 88, 111, 112, 126
絹織物　24, 57, 61
絹交易　27
騎馬　19, 70, 75, 82, 84, 89, 91〜93, 98, 99, 112
騎馬遊牧　18, 19, 56, 70, 81, 89, 93, 94, 97〜99, 136, 139
騎兵　70, 91〜93, 99
基本型（古代戦車）　69
邛　22, 23, 25, 26
羌　114〜116
匈奴　17〜20, 30〜32, 93, 94, 135, 136
匈奴フン同族説　11, 135, 136
玉（軟玉）　9, 25, 39, 42, 53, 55, 139, 140
去勢　6, 101〜133, 140
金属　8〜11, 39, 43, 52
金文　9, 32, 42, 98
キンメル人　19
グリフィン→グリュプス
グリュプス（グリフィン）　15, 37, 57
毛皮　24, 26, 27
月氏　18, 20, 21, 30, 38, 135, 136
牽引　61, 68〜70, 73, 81, 82, 84, 97, 99, 105, 126, 127, 132
胡　23, 32, 99

交易　8, 11, 39, 63, 135, 139
行国→遊牧国家
甲骨　32, 65, 98, 102, 112〜115, 119, 122, 125
交通　7, 52, 55, 67, 99, 101, 135
孝武帝（武帝）　5, 20, 22, 94
コーカソイド（白色人種）　31〜34
後漢書　29, 102, 117, 118, 120
後漢　114, 127, 132
国語　120, 121
黒曜石　39
胡人　128, 132
古代戦車　5, 63, 67〜70, 92, 97, 99, 122, 126, 132
古代帝国　10, 17, 19, 53, 137, 139, 140
ゴディンテペ　49, 51
琥珀　39, 53
小麦　65, 66
子安貝→宝貝
昆山　25
崑崙　25, 28

【さ行】

栽培化　64, 65, 70, 72
栽培植物　71
サウロマタイ人　35, 37
鑿空　5, 17, 20, 23
作物　11, 64, 67, 71, 73
作物化　70
左氏伝　116, 117, 119〜121, 123
三代　112, 140
鹿石　96, 97
史記　17, 20, 22, 24, 27, 29, 30, 54, 55, 66, 94, 119〜122, 128
詩経　57, 121, 122, 127
始皇帝　17, 19, 20, 24, 102, 114, 119,

127, 128, 132
始皇帝陵　32, 89, 95, 98, 126〜128, 132
四牡　108, 122〜124, 126, 127
シャハダード　49, 50
シャハルイソフタ　49, 50
ジャムダトナスル期　51
車輛　61, 63, 68, 70, 82, 97, 98, 126, 140
車輪　61, 67, 68, 97
周　9, 28, 30, 42, 52, 66, 97, 98, 112, 114, 122, 130
シューシャー（スーサ）　51, 53, 58, 59
絨毯　57, 58
朱開溝　129〜131
シュメル　49, 51, 105, 120, 140
周礼　102, 116〜118, 121, 123, 125, 126
馴化→ドメスティケーション
春秋　91, 98, 102, 112, 114, 117, 119, 121, 122, 129, 131, 132
商　102, 112, 114, 130
騾　124〜127
尚書→書経
書経（尚書）　27, 30, 116, 121, 122
蜀　22, 23
シルクロード　5, 7, 17, 39, 128, 136
身毒　22
スーサ→シューシャー
スキュタイ　15, 19, 35〜38, 55, 56, 91, 107, 111, 136, 137
錫　48, 51
スリェドニィストーク文化　75, 76
西王母　28〜30
生活圏　5, 7, 8, 39, 40
斉家文化　97
西周　32, 91, 102, 114, 118, 131
西南ルート　22
西方型（古代戦車）　69, 70

石家河文化　98
楔形文字　11, 51, 81, 105, 106
説文解字　54, 124, 125
山海経　27〜29
前漢　114, 123, 125
戦国　9, 24, 27, 28, 53, 54, 91, 98, 99, 114, 120〜124, 128, 129
戦国策　26, 128
草原地帯　61, 68, 75, 76, 81, 91〜93, 97
荘子　123, 125

【た行】

ターリム盆地　18, 54, 140
大宛　21, 22
大宛列伝　20〜22, 29, 30
大夏　22
大月氏　17, 20, 22, 136
宝貝（子安貝）　8, 9, 41, 42, 52, 59, 61, 140
駄載　68, 82
手綱　58, 70, 76, 77, 82, 84〜87, 92
中央ユーラシア　7, 34, 89, 97, 124, 136, 140
中国　6, 9, 11, 19, 23〜25, 27〜32, 42, 52, 53, 55, 57, 61, 65, 69, 89〜91, 95, 97〜99, 101, 102, 104, 107, 112, 115〜117, 123, 126, 128, 129, 132, 136, 137, 139, 140
張騫　5, 6, 17, 18, 20〜23, 27, 29, 31, 55, 61, 67, 136, 137, 139
鄭州商城　98
テペガウラ　51
テペヒッサール　49, 50
テペヤヒヤー　49, 50
テュッサゲタイ人　36
デレイフカ　75〜80, 82, 89

伝播　6, 7, 63〜65, 67, 68, 131, 133, 135, 137, 139, 140
東胡　20, 30
東西交渉　5, 7, 18
東西交渉史　7, 101, 135, 136
東周　29, 114
頭絡　41, 58, 70, 82, 84, 87, 90
都市　9, 18, 34, 41, 43, 50, 92, 93, 137, 140
ドメスティケーション（馴化）　64, 70

【な行】

軟玉→玉
二轅式（馬車）　69, 70
西アジア　7, 15, 39, 48, 55, 58, 59, 65, 91, 92, 97, 101, 102, 104, 105
西アジア型農牧文化　11, 34, 68, 138〜140
西アジア型（地中海型）農牧文化複合　64, 65, 136
日常経済圏　9, 140
乳利用　65
二里崗　9, 43
二里頭　98

【は行】

白色人種→コーカソイド
馬車　15, 28, 30, 42, 61, 64, 67〜70, 88, 94, 122, 125, 126, 136, 139
パジリク　24, 26, 37, 38, 55〜61, 63, 101, 107〜111
バダフシャーン　44, 45, 49, 53
ハッチ（ヒッタイト）　106
ハハーマニシュ（アカイメネス）　10, 17〜19, 34, 53, 58, 59, 61, 107, 118, 135

銜　76〜78, 80, 82, 84〜85, 87, 89〜90
銜痕跡　76〜78, 80, 82
馬面　90, 91
ヒッタイト→ハッチ
非屠殺的利用法（用途）　80, 104, 105
ヒュペルボレオイ人　37
鑣　75, 76, 79, 82, 86〜89
不去勢　101, 104, 105, 107, 108, 110〜112, 123, 124, 126, 129
輻　61, 68, 97
鍑　136
武帝→孝武帝
ブディノイ人　35, 37
プルジェヴァルスキー馬（モウコノウマ）　74, 75, 80
フロル　49
文化圏　7
文明圏　5, 7, 40
兵馬俑　32, 95, 98, 126〜128
ヘーロドトス　6, 11, 19, 31, 34〜38, 56
別種のスキュタイ　36
ヘレクスル　96, 97
ホータン（和田/于闐）　45, 54
牧畜　18, 19, 24, 26, 28, 64, 93, 94, 103, 104, 112, 139
穆天子伝　27, 28
冒頓単于　19, 20
ボタイ　80

【ま行】

マッサゲタイ人　36, 38, 56
麦　11, 28, 64, 65
麦農耕　27
ムンディガク　49
メソポタミア　9, 12, 15, 39, 40, 43, 45, 48〜52, 68, 105, 137, 139

モウコノウマ→プルジェヴァルスキー
　　馬

【や行】

遊牧　9, 18, 19, 93, 103
遊牧国家（行国）　18, 19, 20
遊牧民　18, 35

【ら行】

礼記　117

ラピスラズリ　6, 10, 39, 42～55, 63, 139, 140
李斯　9, 24
リビア　34
流沙　28～30
ルガルバンダ　51, 52
瑠璃　43
レヴィン　79
驢（ロバ）　68, 70, 80～82, 90, 98, 99

著者略歴

川又正智（かわまた　まさのり）

昭和21（1946）年五月新潟県生
京都大学文学部史学科卒業・同大学院文学研究科博士課程単位取得
現在　国士舘大学文学部教授
論著　『ウマ駆ける古代アジア』講談社、1994年
　　　『世界の考古学⑥中央ユーラシアの考古学』（共著）同成社、1999年　ほか

2006年10月5日　　初版発行　　　　　《検印省略》

●ユーラシア考古学選書●

漢代以前のシルクロード
――運ばれた馬とラピスラズリ――

著　者	川又正智
発行者	宮田哲男
発行所	株式会社　雄山閣

〒102-0071　東京都千代田区富士見2-6-9
TEL　03-3262-3231(代)／FAX　03-3262-6938
URL　http://www.yuzankaku.co.jp
振替　00130-5-1685

印　刷　中央印刷株式会社
製　本　協栄製本株式会社

Ⓒ Masanori KAWAMATA　　　Printed in Japan 2006
ISBN4-639-01945-9 C0022